東名・名神高速道路の不思議と謎

山形みらい
Mirai Yamagata

JIPPI Compact

実業之日本社

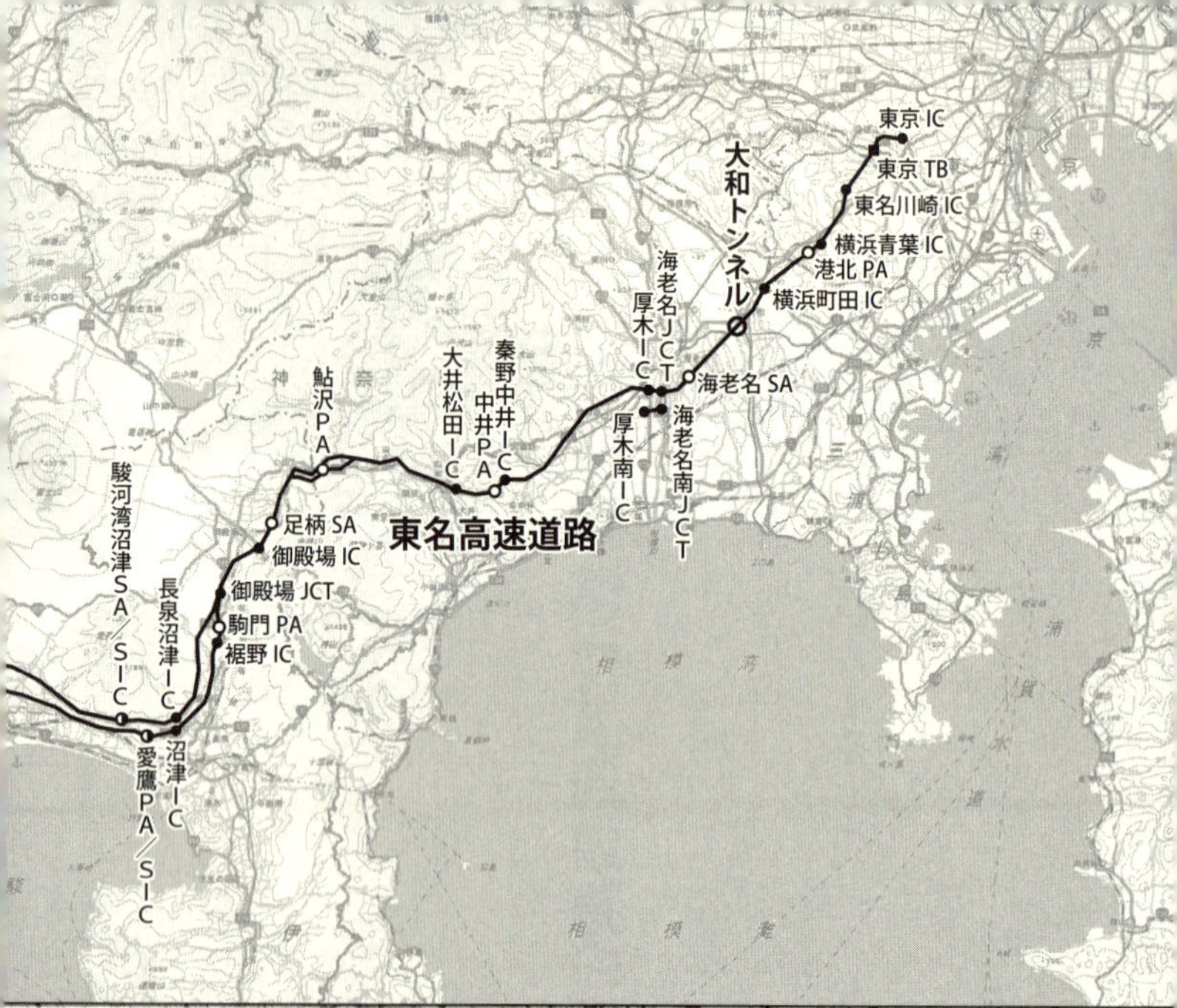
東京 IC
東京 TB
東名川崎 IC
横浜青葉 IC
港北 PA
横浜町田 IC
大和トンネル
海老名JCT
厚木IC
海老名 SA
厚木南IC
海老名南JCT
秦野中井IC
中井PA
大井松田IC
鮎沢PA
東名高速道路
足柄 SA
御殿場 IC
御殿場 JCT
駒門 PA
裾野 IC
駿河湾沼津SA／SIC
長泉沼津IC
沼津IC
愛鷹PA／SIC

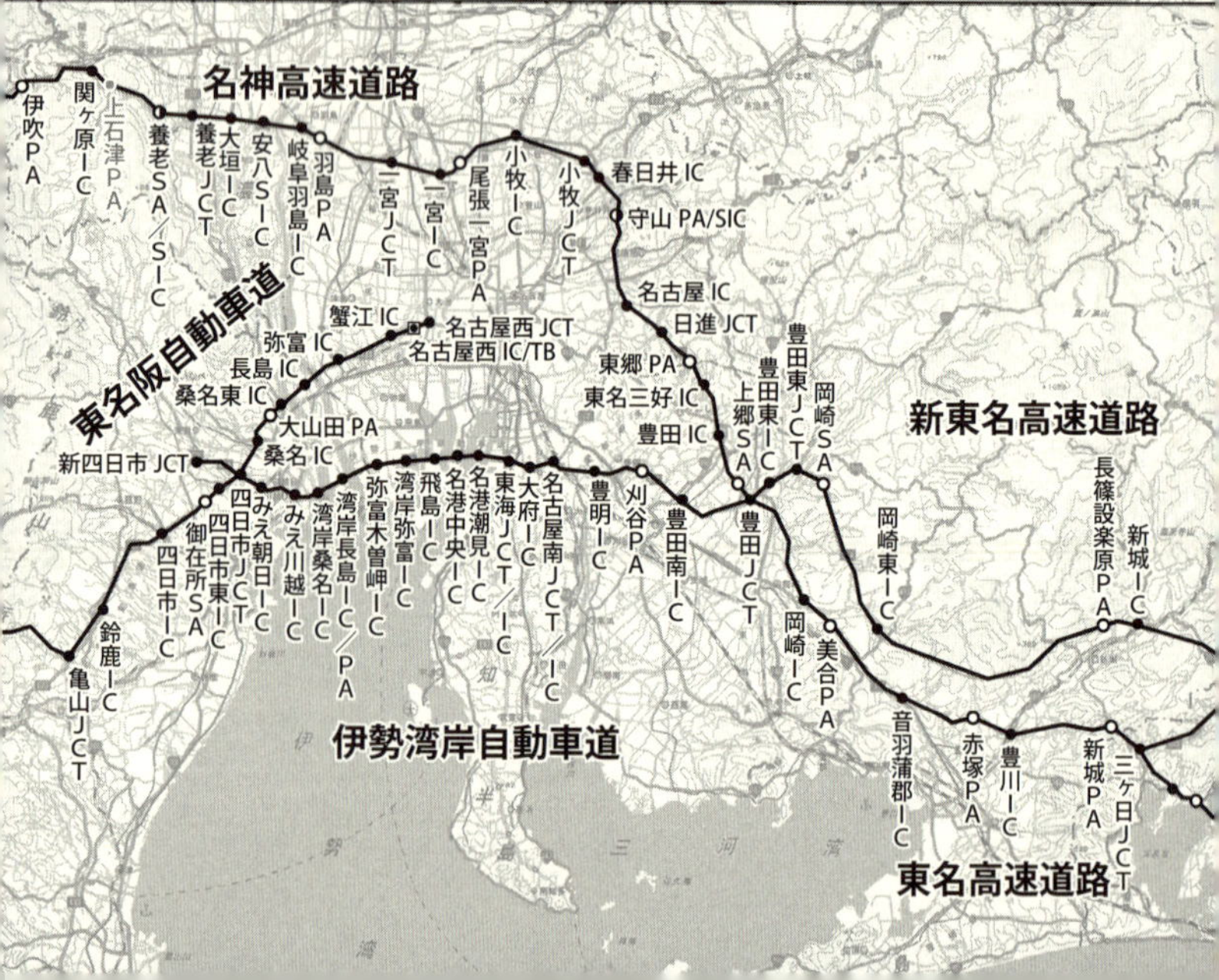
名神高速道路
伊吹PA
関ヶ原IC
上石津PA
養老SA／SIC
養老JCT
大垣IC
安八SIC
岐阜羽島IC
羽島PA
一宮JCT
一宮IC
尾張一宮PA
小牧IC
小牧JCT
春日井 IC
守山 PA/SIC
名古屋 IC
日進 JCT
東郷 PA
東名三好 IC
豊田 IC
上郷SA
豊田東IC
豊田東JCT
岡崎SA
新東名高速道路
東名阪自動車道
蟹江 IC
名古屋西 JCT
名古屋西 IC/TB
弥富 IC
長島 IC
桑名東 IC
大山田 PA
桑名 IC
新四日市 JCT
四日市IC
御在所SA
四日市東IC
四日市JCT
みえ朝日IC
みえ川越IC
湾岸桑名IC
湾岸長島IC／PA
弥富木曽岬IC
湾岸弥富IC
飛島IC
名港中央IC
名港潮見IC
東海JCT／IC
大府IC
名古屋南JCT／IC
豊明IC
刈谷PA
豊田南IC
豊田JCT
岡崎東IC
長篠設楽原PA
新城IC
岡崎IC
美合PA
鈴鹿IC
亀山JCT
伊勢湾岸自動車道
音羽蒲郡IC
赤塚PA
豊川IC
新城PA
三ヶ日JCT
東名高速道路

東名・名神高速関連ルートマップ

凡例

- ● ＝インターチェンジ（IC）またはジャンクション（JCT）
- ○ ＝サービスエリア（SA）またはパーキングエリア（PA）
- ◑ ＝（スマート）IC＋SA または PA
- ■ ＝料金所（TB）
- ◙ ＝IC＋TB
- ・ ＝廃止された施設

※地図は 2018 年 7 月現在のものです。本書刊行後も路線の開業やインターチェンジ等の開業が続きます。最新の情報は NEXCO 各社の WEB サイト等をご覧ください。

はじめに

それはちょうど、名神高速が全線開通から50周年を迎えようとしていた頃の話。高速道路調査会主催の講演会が名古屋で開かれるというので、コッソリとお邪魔したことがありました。名神・東名高速建設に携わった、道路文化研究所の主宰「武部健一先生」のお姿を一目見たくて。

武部先生は高速道路の技術についてはもちろんのことですが、道路の歴史、道路の古代史に至るまで様々な研究をされた方です。筆者も道路は好きですが、技術や歴史についての知識が乏しく、名神高速や東名高速が開通した時は生まれていないので、当時のことは全くわかりませんでした。

広いホールは大学の教授や技術関連の方で席が埋め尽くされ、その中にいる私は明らかに場違いな雰囲気でした。しかしそんなことは気にせず、武部先生の講演を夢中になって聴きました。

「名神高速は自然との調和を考えて造られた美しい線形の道路です。西明寺《さいみょうじ》参道橋は名神高速が参道橋の下をくぐるようにして造られたもの。これぞ自然との調和なのです。」

柔らかく心地よい口調で話される武部先生の不思議な魅力にとりつかれた私は、西明寺参道橋の話が心に響き、名神高速についてもっと知りたくなりました。しかしまさかこのあと数年に渡り、筆者は高速道路について奥深さを研究していくことになるとは知る由もありませんでした。

名神高速は海外の名だたる技術者の手によって美しい線形を描く道路になりました。それは芸術ともいえる素晴らしいもので、目に映る景色全てが土木技術の芸術です。初代日本道路公団総裁の岸道三《きしみちぞう》氏は、「日本の持ち味を生かした道路を造りたい。ドイツのアウトバーンやアメリカの道路の直訳ではない。」という言葉を残しています。

東名高速も開通から50周年を迎え、当時のことを知る人も少なくなっています。武部先生が後世に残したことを筆者が伝えることはとても難しいですし、それはおこがましいことだと思っていますが、道路好きとして何か少しでも貢献できたらと思っています。

高速道路について疑問が湧いたときに「そういえばこの本に書いてあったなぁ」と思い出していただけたら幸いです。

高速道路は早く目的地に着ける、早く物を運べるという便利な運輸手段ですが、改めて日本の高速道路の歴史を辿りながらドライブするのはいかがでしょうか。

名神高速や東名高速開通当時、軽快なスピードで高速道路を駆け抜けていた人も、「ああ、そういえばこんな時代もあったな。」と、懐かしく読んでいただけたらありがたく思います。そして、免許をお持ちでない方は、日本の高速道路の礎を造った名神高速や東名高速をドライブしてみたい憧れを持っていただけたら筆者はとても嬉しいです。

サービスエリアやパーキングエリアの歴史についても触れました。高速道路に休憩施設を造るという概念、実は日本にはありませんでした。名神高速を造った当時の技術者は海外の様々な例を参考にして造ろうと試みましたが、設置距離や内容が各国バラバラだったのです。サービスエリアやパーキングエリアは日本のオリジナルなのです。

最近は色んなタイプの休憩施設があり、各高速道路会社も力を入れています。中には世界観が独特でサービスエリアの概念に収まらない施設もありますが、高速道路は特別な場所なので、それもありだと考えます。もちろん、「昔の姿でまだまだ頑張っています」というパーキングエリアもありますので、ぜひお立ち寄りいただきたいです。

その昔、高速道路の休憩施設で長居し過ぎると、料金所で止められて、「なぜこんなに時間がかかったのですか?」と問われることもありましたが、今となってはＥＴＣゲートで抜けられますし、一般道路からサービスエリアやパーキングエリアに入ることができるので便利になりました（もっとも、私みたいに長居し過ぎるのもどうかと思いますがそこは常に高速道路を研究しているということで）。

さて、長くなりましたが、本文お楽しみいただけましたら幸いです。この本は序章から第5章まであります。それぞれどのページから読んでも楽しんでいただける内容になっています。名神高速や東名高速が運転手を飽きさせないよう道路に曲線や坂道をわざと造っているのと同様に、この本も読者の方を飽きさせないよう緩急つけて執筆しました。

第1章の東名高速を読んだあと、第4章のサービスエリアで休憩してみようかな……ということも可能です。第5章の雑学からティーブレイクしていただいても構いません。じっくり道路の基本的なことから入りたい方はぜひ序章からご覧になってください。

序章は高速道路の法律から入るので少し堅い気もしますが、気持ち的には「ハイな気分でハイウェイ」ということで、テンション少し高く、スピードはマイペースで（しかし速度50㎞／hアンダーにはならないように）。それでは今度はあとがきでお会いしましょう。

山形みらい

CONTENTS

第1章

日本経済を支える大動脈!

東名高速道路の不思議と謎

第2章

名神高速道路の不思議と謎

日本初の都市間高速道路!

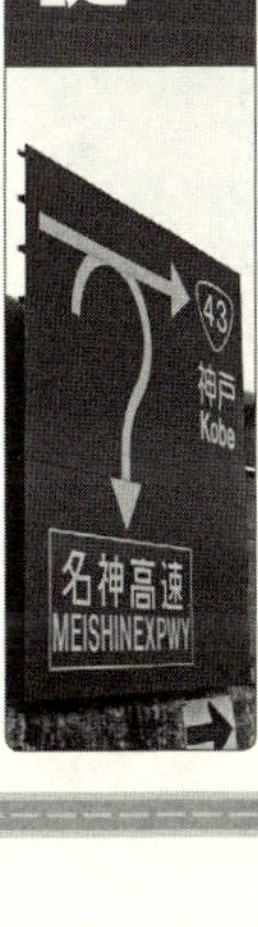

・本書の記述は2018（平成30）年7月現在のものです。
・本書に掲載した地図は、国土地理院の地理院地図に加筆したものです。

装丁　杉本欣右
本文デザイン&DTP　Lush!
取材協力　国土交通省／首都高速道路株式会社／独立行政法人日本高速道路保有・債務返済機構／株式会社高速道路総合技術研究所／東日本高速道路株式会社／中日本高速道路株式会社／西日本高速道路株式会社／中日本ハイウェイ・エンジニアリング東京株式会社／中日本ハイウェイ・リテール名古屋株式会社／中日本エクシス株式会社／株式会社東京ハイウェイ／刈谷ハイウェイオアシス株式会社／由比地すべり管理センター
企画・編集・地図制作　磯部祥行（実業之日本社）

序章

高速道路の基礎知識

エッ!? そんなに深く造り込まれていたの？

TOMEI MEISHIN
↖ 0-01

高速道路の位置づけ

「高速道路とは何ですか？」

あまりにも根本的過ぎて普段は気にも留めない言葉ですが、改めて考えてみると「知っているつもり」であってもよく理解していないのが実情だと思います。この本を執筆するまでの筆者もその一人でした。

なぜ理解が難しいのでしょうか。それはひと口に高速道路といっても様々な法律が絡み合っているからです。

ひと口に高速道路といっても色々ある

あらためて高速道路とは法律上何なのかというと、「高速自動車国道法」で定められた**高速自動車国道**、「道路法」に定められている**自動車専用道路**、「都市計画法」に規定されている**都市高速道路**の三つです。このうち高速自動車国道と一般国道の自動車専用道路を合わせて**高規格幹線道路**（都市間高速道路）としています。
本書でカバーする東名高速、名神高速、新東名高速、新名神高速は高速自動車国道に、名港トリトン（伊勢湾岸道の一部）は一般国道（国道３０２号）の自動車専用道路に該当し、いずれも高規格幹線道路です。

首都高速をはじめとした都市高速道路は「高速道路」と名乗っていますが、前出の高規格幹線道路と比べて急カーブや高低差が多いなどの線形問題から速度制限が厳しく（概ね60km／h以下）なっています。都市高速道路は既に発展している都市内において、線形よりも土地の確保を優先させる必要があるためで、首都高速では河川の上や都道の上、地面の下（地下道路）など、極力既存のインフラに影響を与えないように配慮して建設されています。

高速道路の区分

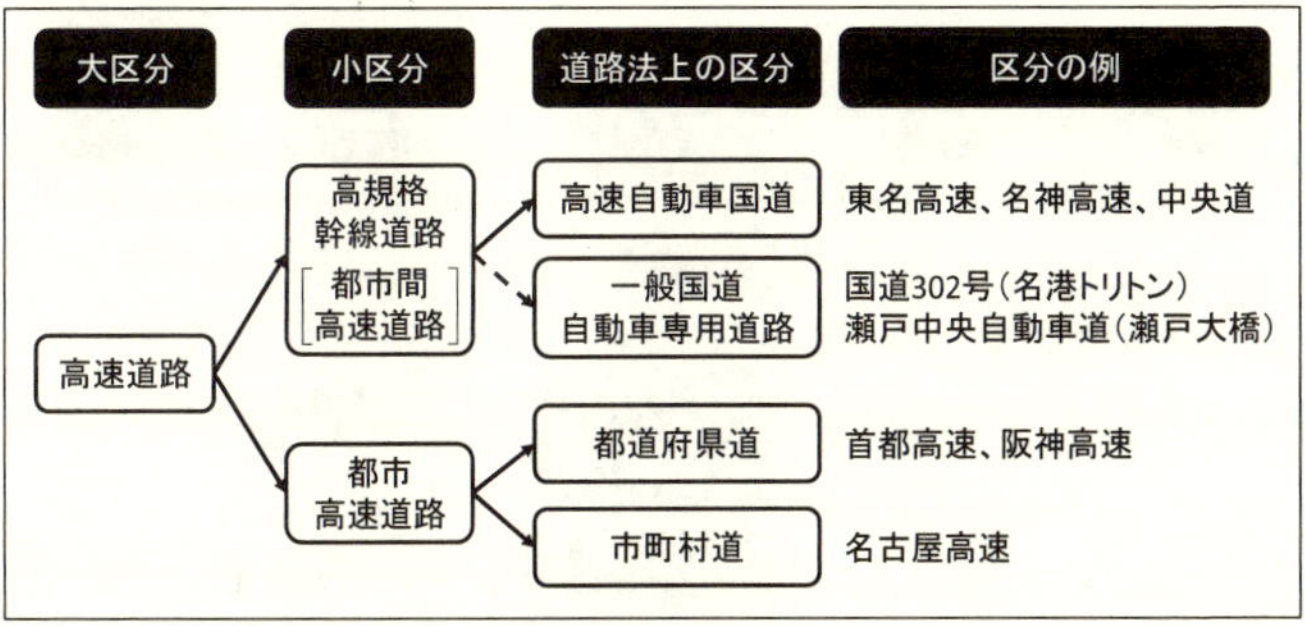

高速道路という名前による誤解

高速道路という名前は「速度を上げて走行可能な道路」

交通容量の考え方

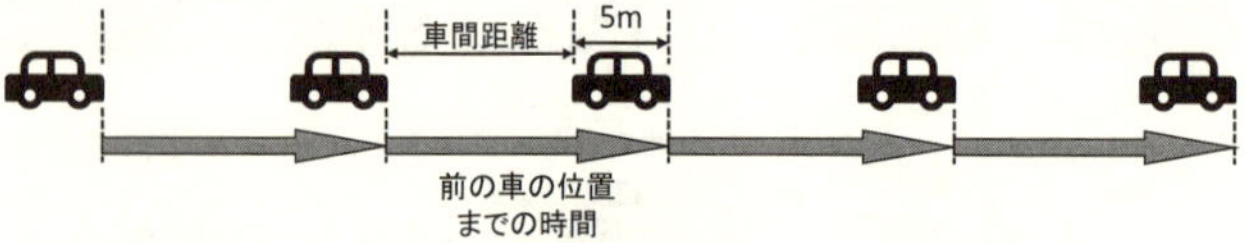

交通容量の計算方法

高速道路（80km/h）	想定条件	一般道路（30km/h）
80m	車間距離	30m
80km/時 ≒ 1333m/分 ≒ 22m/秒	秒速換算	30km/時 ≒ 500m/分 ≒ 8.3m/秒
85m ÷ 22m/秒 ≒ 3.9秒	前の車の位置までの時間	35m ÷ 8.3m/秒 ≒ 4.2秒
60秒 ÷ 3.9秒/台 ≒ 15.4台/分	1分当たり台数	60秒 ÷ 4.2秒/台 ≒ 14.3台/分
15.4台/分 ≒ 924台/時間	交通容量	14.3台/分 ≒ 858台/時間

全ての通行車が乗用車（前後幅5m）と仮定したときの最大交通容量としました
ただし、渋滞や加減速、車種の変化（トラックなど）で交通容量は低下します

という勘違いを生んでいるのかもしれません。

確かに、高速道路においては「交差点をなくす」「上下車線を分離する」「車線幅を広くする」といった「速度を上げる」ための対策が行われています。しかし、「速度を上げる」ということは、走行車両全体の速度を一定に揃えることで「目的地への移動時間を短くする」「交通容量を上げる」という目的を達成するための手段でしかないのです。

ここでは交通容量を「1車線の単位時間あたりに走行できる台数」としています。いわゆる「流れがいい」状態での最大値ですので、渋滞などの条件変化で低下します。

また、車線変更の多用は道路全体の交通容量を低下させる上に危険ですので、絶対に行わないでください。

TOMEI MEISHIN
↖ 0-02

高速道路は法律ではどう定義されているの？

高速道路といわれて思い浮かべるものは高規格幹線道路とほぼ同じと述べましたが、高速道路を含めた道路はどの法律に基づいて管理されているかは、非常に複雑怪奇です。その相互関係を次ページに図示しました。ここではできるだけシンプルに説明します。

道路法

「道路法」は道路の定義から整備手続き、管理や罰則までをカバーする根幹となる法律です。所管は国土交通省で、対象となるのは高速自動車国道、一般国道、都道府県道と市町村道の4種類となります。この道路法があるおかげで、高速道路と一般道路で「道路交通法」という共通ルールが適用されるため、スムーズに相互利用することができます。標識類が共通であることもメリットの一つです。

ちなみに、道路法は普段身の回りにある道路のほとんどを網羅していますが、農道や林

「一般概念上の道路」の相関図

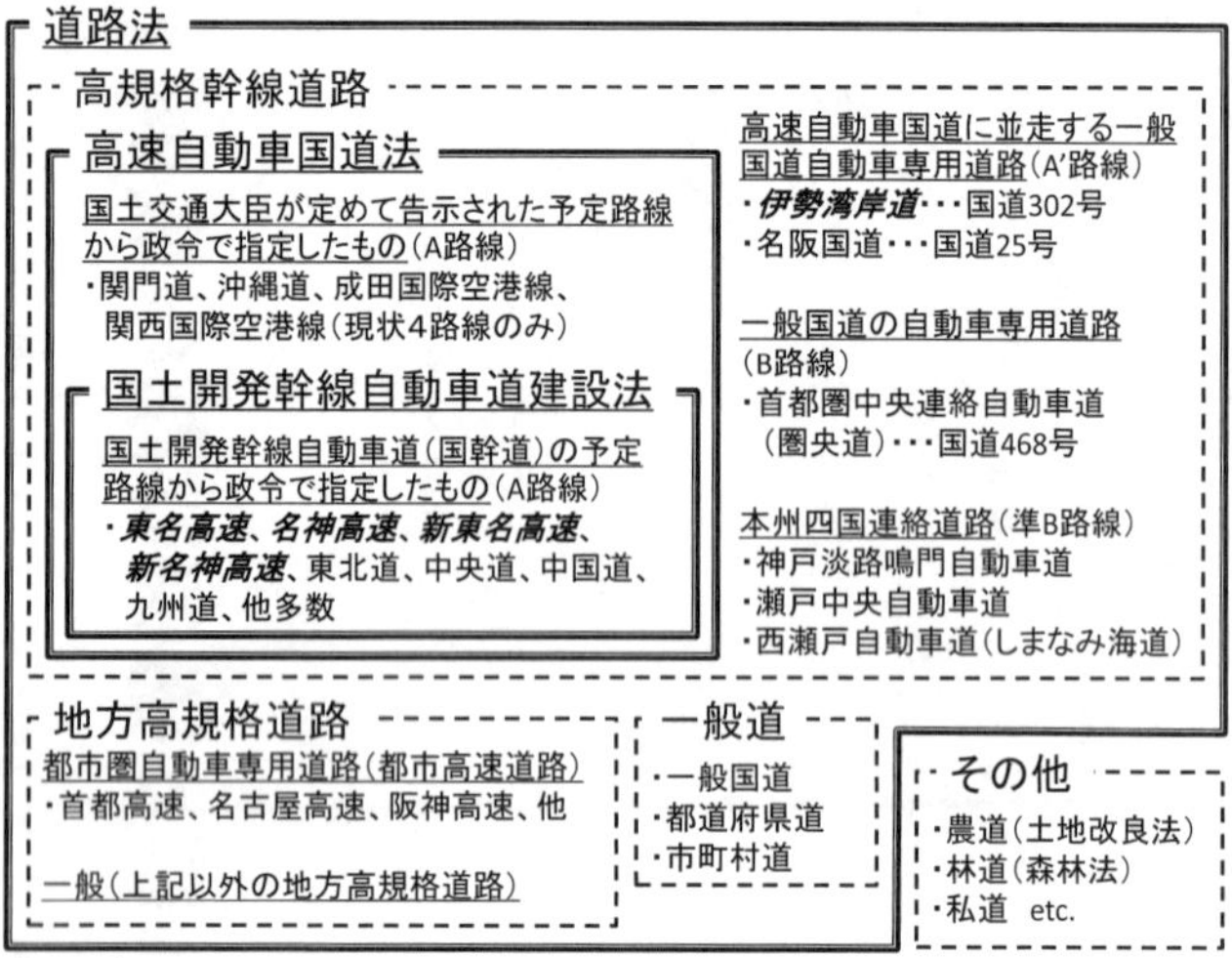

道などには適用されません。なぜなら、農道は農業、林道は林業を行うことが目的の通路であり、道路法で定める「道路網を整備し公共の福祉を増進する」という目的ではないため、厳密な意味で「道路法上の道路」ではないからです。ですが、これらの一般概念上の道路についても理解を深めることを目的に共通のルールを適用している場合がほとんどです。

高速自動車国道法

「高速自動車国道法」は道路法に定めるもののほか、路線の指定、整備計画、管理、構造、保全等に関する事項を定めて「自動車交通の発達に寄与する」ことを目的としています。高速自動車国道の定義は「自動

高規格幹線道路網図

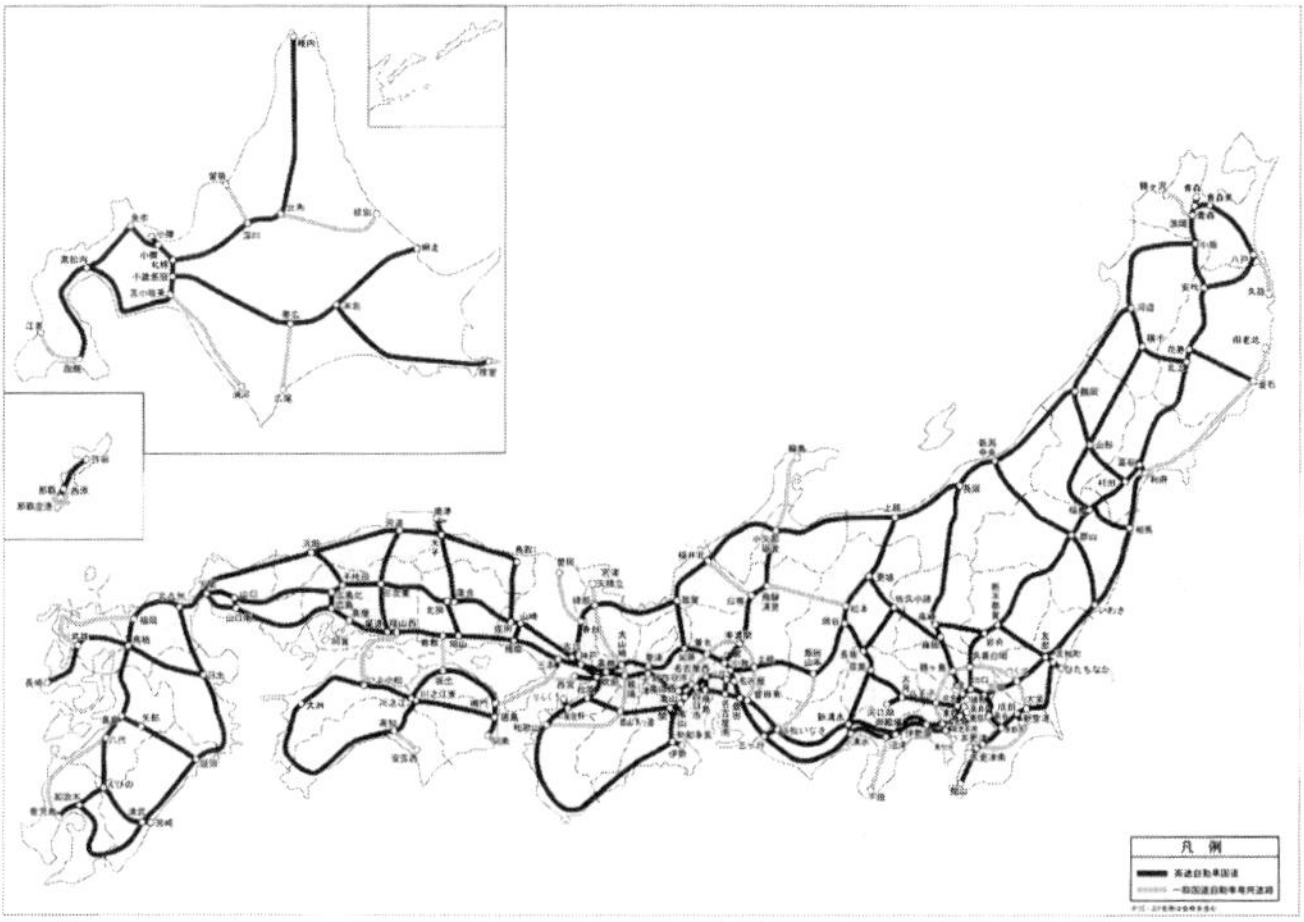

全国の高規格幹線道路の予定路線（国土交通省HPより）

車の高速交通の用に供する道路で、全国的な自動車交通網の枢要部分を構成し、かつ政治・経済・文化上特に重要な地域を連絡するものその他国の利害に特に重大な関係を有するもの（第４条）」とされています。

　高速自動車国道の指定は、国土開発幹線自動車道建設法により定められた国土開発幹線自動車道（国幹道）の予定路線から政令で指定したもの、及び国土交通大臣が定めて告示された予定路線（国幹道を除く）から政令で指定したものになります。

　１９６６（昭和41）年時点での予定路線は32路線、総延長７６００㎞でしたが、２０１８（平成30）年７月現在では47路線、総延長１万１５２０㎞まで拡大しています。

国土開発幹線自動車道建設法

「国土開発幹線自動車道建設法」は「全国的な高速自動車交通網を形成させるため、国土を縦貫し、または横断する高速幹線自動車道を開設する」ことを目的に定められた法律で、いわゆる高速道路のほとんどがこの国土開発幹線自動車道（国幹道）に指定されています。

この法律は、1957（昭和32）年の制定当時は「国土開発縦貫自動車道建設法」という名称で、幹となる縦貫道（北海道自動車道、東北自動車道、中央自動車道、中国自動車道、四国自動車道、九州自動車道）に特化したものでした。その後、国として道路体系の「線から面への転換」を図るために、1966（昭和41）年に「国土開発幹線自動車道建設法」へと改正されました。以降、時代ごとの「高速道路のあるべき姿」を模索しながら修正され続け、現在では43路線が予定路線になっています。

高規格幹線道路

高規格幹線道路はこれまでと違い法律ではなく、1987（昭和62）年の第四次全国総合開発計画において、道路交通状況の時代の変化に応じた修正を加えて計画された道路網です。目標は「全国の都市・農村地区から概ね1時間以内のアクセス」であり、完成の暁

伊勢湾岸道下り線の東海ICには「一般有料道路」標示があります

には面積カバー率が49%から94%、人口カバー率が82%から98%（いずれも昭和62年当時と完成時）に向上する計画です。そのため、それまでの国幹道予定路線（総延長７６００㎞）に６４００㎞を加えた合計延長１万４０００㎞の自動車交通網計画になり、以下のように分類されます。

①高速自動車国道（A路線）

前出の高速自動車国道法に基づく路線で、高規格幹線道路網の中核です。

②高速自動車国道に並走する一般国道自動車専用道路（A'《エーダッシュ》路線）

高速自動車国道の計画路線の中で、特に必要性が高い区間を先行して開通させるために、高速自動車国道の路線と並走する一般国道の自動車専用道路バイパスとして先行整備する方法です。これを高速自動車国道のアレンジということでA'路線と呼んでいます。

伊勢湾岸道の東海ICから飛島《とびしま》IC間はこの方式で建設されました。一般国道302号は名古屋市の周囲を一周する国道として指定されていますが、名古屋南部で名古屋港があるため整備困難でした。その後、第二東海自動車国道の整備計画に合わせて橋梁部分を一般国道302号のバイパスとして先行整備しました。そのため、この区間は現在でも「一般有料道路」扱いとなっています。

③国土交通大臣指定に基づく高規格幹線道路（一般国道の自動車専用道路）（B路線）

このB路線といわれる分類は、道路法に定められている自動車専用道路を高速自動車国道と同等の規格で整備したもので、見た目は高速道路と全く同じです。しかし、一般国道のバイパス整備という扱いとなるため、建設費の3割を沿線都道府県が負担するか、一般有料道路として扱う場合では通行料金に上乗せして徴収されるというデメリットがあります。

④本州四国連絡道路（B路線に準じる）

神戸淡路鳴門自動車道（一般国道28号）、瀬戸中央自動車道（一般国道30号）、西瀬戸自動車道（一般国道317号）の3路線がすでに整備され、本州四国連絡高速道路株式会社

（JB本四高速）が管理しています。

地域高規格道路

地域高規格道路は、前出の高規格幹線道路を補完する「自動車専用道路またはこれと同等の規格を有する道路」として指定される道路です。首都高速などの都市高速道路が代表例となります。

高規格道路とありますが、いわゆる高速道路の範疇から外れるもの（60km／h制限、路肩が狭い、など）がほとんどです。

法令上の高速道路は「高速自動車国道法」に定められたもののみですが、高速自動車国道法の構造規格で造られた一般国道の自動車専用道路は、見た目はほとんど高速道路といっても過言ではありません。

一般国道自動車専用道路（B路線）は一見高速道路（圏央道）

TOMEI MEISHIN
0-03

高速道路の路線名はどうやって決まっている？インターチェンジや休憩施設名は？

高速道路の路線は、道路行政上の決まりに基づいて名前の文字数は「6文字以内」と決まっています。これについては案内標識を見やすくするためです。例として挙げられるのが「東名高速道路」「中央自動車道」です。

これらを英字で表示する場合「自動車道」は「ＥＸＰＲＥＳＳＷＡＹ」ですが、標識に記載する場合は「ＥＸＰＷＹ」と略します。

「中央高速道路」を「中央自動車道（以下中央道）」に変更した理由は、名称を中央高速道路とした結果、暫定2車線の対面通行区間でスピードを出す人が増えたことが事故発生の心理要因の一つであるという意見が出されたのがきっかけでした。

インターチェンジの名称は、市町村名のあとに「インターチェンジ」または「ジャンクション」をつけることになっています。これは本線料金所の名称についても同様です。

しかし、二つ以上の施設が同一地点に併設される場合は、同一の市町村名を使い、その他の場合は同一の市町村名を使わないことになっています。「御殿場バスストップ」が「御殿場IC」内にあるのがその例です。

また、同一地域内に同一種類の施設が二つ以上ある場合は、市町村名の後に「東西南北」のいずれかをつけることになっています。例として挙げられるのが「京都南IC」「京都東IC」です。

さらに、他の路線の施設と区別するために必要な場合は、市町村名の前に路線名をつけます。例としては「東名川崎IC」「京浜川崎IC（第三京浜）」です。

サービスエリアの名称は、著名な地点や地域名がある場合はその名称を、その他の場合においても存在する市町村名を用いることになっています。

東名高速を例とすると「海老名《えびな》SA（市の名称）」「足柄《あしがら》SA（山域の名称）」「浜名湖SA（湖の名称）」となっています。

パーキングエリアの名称も、基本はサービスエリアの名称と同じ考えですが、異なる地点にあるインターチェンジやジャンクションがサービスエリアと同一市町村にある場合「市町村」や「区」「大字」の名称を使います。

東名高速を例とすると「愛鷹《あしたか》PA（山の名称）」「中井PA（町名）」「駒門《こまかど》PA（大字の名称）」となっています。

TOMEI MEISHIN
↖ 0-04

高速道路ナンバリング

「日本の高速道路の名称は日本語の固有名詞なので覚えにくい。」

外国人が日本の高速道路利用時に感じる不便さが、東名高速や中央道などの通称です。普段から日本語に接していると、「東名」という漢字表記から「東」京方面と「名」古屋方面を結んでいると直感的に理解できるのですが、「トウメイ」と表音表記されると途端にわからなくなります。

今後ますます観光やビジネスで外国人が訪日し、高速道路と接する機会が増えることを考慮して、国土交通省は高規格幹線道路に路線番号を付与して、全ての利用者にわかりやすい道案内を実現する「高速道路ナンバリング」を開始しました。

高速道路ナンバリングの基本ルール

番号の付与に当たり、地域で親しまれている一般国道のうち二桁までの国道番号を取り入れました。また、東名高速と新東名高速のように並走する（ダブルネットワーク）路線がある場合は、グループ（ファミリー）化も行い、シンプルでわかりやすくしています。さらに道路種別として高速道路を「Ｅ（Expressway)」、環状道路を「Ｃ（Circle)」と区別しています。グループ（ファミリー）化路線は路線番号の最後に「Ａ」が付与されることで識別されます。

高速道路ナンバリングの実施結果（名神高速）

高速道路ナンバリングの煽りを受け、名古屋高速の都心環状線が「Ring」から「Ｃ１」に変更になりました。

さて、本書で取り扱う高速道路ナンバリングですが、東名高速と名神高速は合わせて「Ｅ１」が割り振られています。これは一般国道1号に並行する路線です。そして、新東名高速、伊勢湾岸道、新名神高速はＥ１グループ（ファミリー）として「Ｅ１Ａ」が割り振られています。

高速道路ナンバリングが浸透すると、地図やカーナビゲーションなどの案内として様々な分野において活用されることが期待できます。将来的には「東名高速の名古屋ＩＣで出る」が「Ｅ１の21番ＩＣで出る」のようになるかもしれません。

TOMEI MEISHIN
0-05

インターチェンジとジャンクション

インターチェンジとは「立体交差点」のことです。これは高速道路に限らず一般道路にもあります。ランプとはインターチェンジの中に含まれるいわば構成部品のようなもので「傾斜路」のことを指します。ジャンクションは日本において高速道路同士の接続部を指します。

日本で最初にインターチェンジが造られたのは名神高速の「栗東《りっとう》～尼崎《あまがさき》」区間です。当然のことながらどこの高速道路とも接続しておらず、高速道路がインターチェンジで料金を徴収するシステムを採用したため、東名高速ができた時点はすでに「インターチェンジ＝出入口（料金所）」という認識が高速道路利用者に定着していました。

そのため、料金所がない高速道路同士の立体交差点をインターチェンジとは別の名称としてジャンクションと呼ぶようになりました。ちなみに、ジャンクションの元々の意味は「交差点」です。

インターチェンジの種類と形状

形式		形状	長所・短所	例
三枝交差	Y型	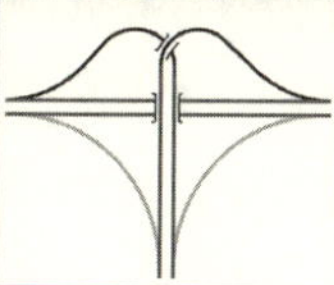	交通容量が大きい 面積が大きい 小さくすると急カーブになり交通容量小 立体交差が多い	谷町 JCT（首都高速） 小牧 JCT（東名高速、中央道）
	トランペット型	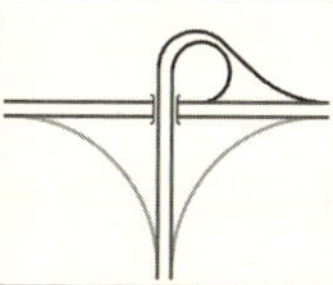	立体交差が少なく建設費が安い ループ部の交通容量が小さい	米原 JCT（名神高速、北陸道） 川崎 IC（東名高速）
四枝交差	クローバー型	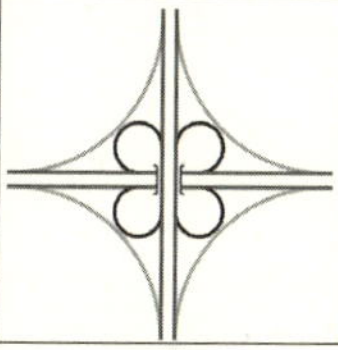	立体交差が本線同士の1か所のため建設費が安い 面積が大きい 織り込みが多く渋滞の原因になりやすい	鳥栖 JCT（九州道、長崎道、大分道）
	タービン型	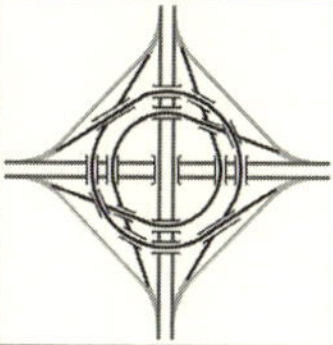	全体的にカーブが緩やかで交通容量が大きい 立体交差が多く建設費が高い 面積が大きい	三郷 JCT（常磐道、首都高速） 豊田 JCT【変形】(東名高速、新東名高速)
	ダイヤモンド型	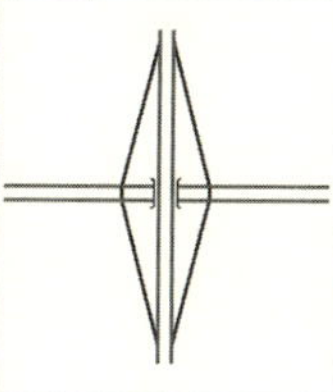	一般道路との接続に使用（交差点を伴う） 面積が小さい 立体交差が本線同士の1か所のため建設費が安い 料金所が4か所必要	裾野 IC（東名高速） 尼崎 IC（名神高速） 東京 IC（ハーフ）(東名高速)
	ロータリー型	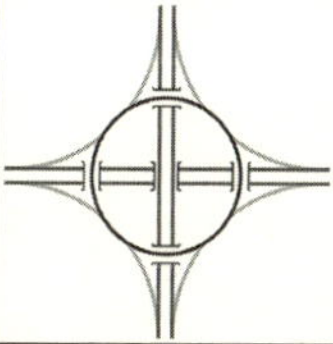	比較的面積が小さい 合流・分流が多く交通容量が小さい	西宮 IC【三枝交差運用】（名神高速）

インターチェンジとジャンクションはアメリカから来た言葉ですが、いずれもアメリカとは違う日本特有の意味を持った和製英語のようになっています。

インターチェンジの種類

インターチェンジは方向ごとの必要交通容量や設置面積、予算などを考慮して建設されます。ループを伴うインターチェンジ（トランペット型、クローバー型）は①設置面積が大きい ②交通容量が小さい ③運転者の混乱を招く（右折したいのに左カーブになる）などの理由から、基本的には避ける方向にあります。反対にタービン型は多階層立体交差を伴うため建設費は嵩みますが交通容量が大きいため、多少の変形型も含め四枝《よんし》交差ジャンクションの本命として徐々に増えてきています。

また、ダイヤモンド型は料金所が4か所に分散するので避けられていましたが、ETCの普及によりその制限が緩和され、設置面積が小さいことから今後増えると予想されています。

TOMEI MEISHIN
0-06

サービスエリアとパーキングエリアとは?

高速道路には、サービスエリアとパーキングエリアがあります。サービスエリアは、概ね50km(北海道は80km)ごとに設置されており、パーキングエリアは概ね15kmから20kmごとに設置されています。

高速道路を造る際、その路線全体でサービスエリアをいくつ造るか配置を決めてから、間にパーキングエリアをいくつ設置するかを決めます。

サービスエリアが50km間隔となっているのは、自動車のガソリンランプが点いてから最低50kmから60km走行可能で、その間に1回給油できることを考慮したことからです。

自動車の性能が上がったため高速道路では燃費が延びるので、ガソリンランプが点いても慌てずに行動することが大事です。慌てて急にスピードを上げたりすると逆に燃費が悪くなるので注意が必要です。

サービスエリアは、駐車場、園地(広場・歩道)トイレ、売店やレストランの他に、インフォメーション、ガソリンスタンドなど、高速道路利用者にとって必要なものが揃っています。

一方で、パーキングエリアは、駐車場、園地（広場・歩道）、トイレ、または小規模の売店やフードコートなど、最低限必要なものが備わった、サービスエリアの補完的な役割を持った施設です。

しかし、高速道路会社が民営化された2005（平成17）年以降、サービスエリアやパーキングエリアが新事業形態となってから、二つの区別には距離以外の明確な違いがなくなりました。その結果、パーキングエリアをうたっていても、サービスエリアのように施設の揃ったところが増えています。

充実した施設を誇る清水PA（新東名高速）

「分離式」と「片側集約式」

サービスエリアとパーキングエリアの形状は大きく二つに分類されます。

外向型

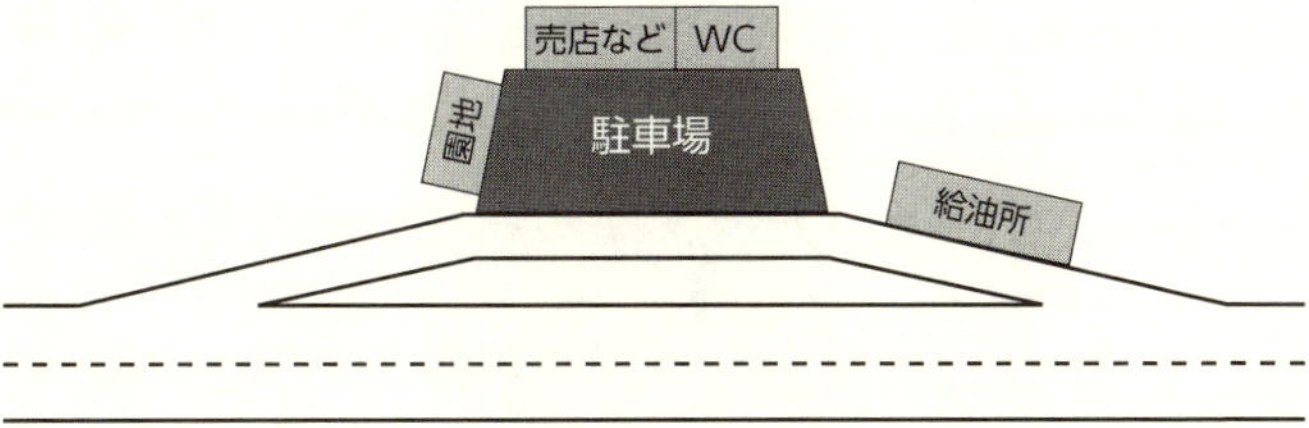

内向型

本線を挟んで上り線と下り線でそれぞれ一つのサービスエリアおよびパーキングエリアを設置した状態を「分離式」といいます。

また、本線の片側に上り線と下り線を一つに集約したサービスエリアおよびパーキングエリアの状態を「片側集約式」といいます。

原則としては「分離式」としているのですが、本線の片側に景勝地があり、利用者の興味を強く惹きつける場合には「片側集約式」を採用することがあります。その代表例が東名高速浜名湖ＳＡです。

「外向型」と「内向型」

サービスエリアとパーキングエリアの形

状はさらに「外向型」と「内向型」にわけられます。

「外向型」は、本線、流出入車線、エリア通り抜け車道、駐車場、売店やレストランなどの建築施設、ガソリンスタンドの順に本線車道から外側に向かって施設やスペースが配置されている形状です。施設が外側を向いているので眺望もよく、多くのサービスエリアおよびパーキングエリアが「外向型」となっています。

一方で「内向型」は、本線に対して一番外側にエリア通り抜け車道を配置し、内側に向かって駐車場、売店やレストランなどの建築施設を配置する形状です。この形状は、周囲に市街地がある場合や眺望が難しい土地であった場合に採用される形状です。そのため、遠くの景色が眺められるように視点の高さを上げるなどの工夫をしています。

ガソリンスタンドの位置について

サービスエリアおよびパーキングエリアにおけるガソリンスタンドの位置について、一般的にはエリアの中央に設置することになっていますが、無理な場合は出口付近に設置します。ガソリンスタンドがエリアの入口付近にあると、給油の順番待ち車両の列が本線まで伸びて渋滞発生に繋がるのを避けるためです。

しかし、東名高速開通当初の１９６９（昭和44）年はエリアの入口付近にガソリンスタンドが設置されていたことがありました。それには理由があり、車の整備や給油を休憩前にしておきたいという運転手の心理を重視したことからです。出口付近にガソリンスタンドがあると「もし車が故障していたらUターンできない」という気持ちでは運転手が十分に休憩できないとされ、東名高速では、入口、中央、出口、といった具合で、サービスエリアごとにガソリンスタンドの位置を変えるなど、試験的な配置がされました。

東名高速開通当時のガソリンスタンドは、自動車修理所も兼ねていたことから、車の性能が高速道路に追いついていなかったことがわかります。

管理管轄はどこが行っている?

サービスエリアとパーキングエリアは、部分ごとに管理している主体が違います。

駐車場は「独立行政法人日本高速道路保有・債務返済機構（以下道路機構）」が管理しています。店舗敷地、建屋は「道路会社」が管理しています。

駐車場に車を停めた利用者が最初に目指すであろう場所は「トイレ」ですよね。実はトイレの土地と建屋も道路機構の資産です。高速道路の休憩に必要な施設、この場合「駐車場」「トイレ」は道路機構が管理し、売店やレストランなど事業展開できる場所、この場合「店舗敷地」「建屋」は道路会社が管理しています。

TOMEI MEISHIN
0-07

高速道路網グランドデザインと「中央自動車道」構想

高速道路を造る前にまず行わなければならないのは、日本全体の高速道路網について理想の将来像、コンセプトを明確に想い描き、その実現のために最適な高速道路を計画することです。なぜなら、高速道路をはじめとした土木工事というものは非常にコストがかかるため、思いつきで造って後で造り直す、などということはできないからです。これをグランドデザインといいます。

東京を中心に見た場合、日本列島は北と西とに伸びており、いわば東京付近で折れ曲がった帯状になっています。このように帯状の国土である日本の場合、高速道路網のコンセプトは「沿岸部を外周する外骨格」式と「内陸部を貫通させて幹線と支線を配置する魚の骨」式との2種類が考えられます。この2種類はどちらが正しいということはありませんが、日本の高速道路網グランドデザインとして「魚の骨」式を採用することが「国土開発縦貫自動車道構想」で提言され、東京を起点に西へ向かう路線として、内陸部を貫通する中央自動車道が計画されました。

ところが、当初の中央自動車道の計画は現在の中央自動車道のルートとは異なり、赤石山脈（南アルプス）を貫通させるものでした。これについて建設省（現在の国土交通省）からコスト面を度外視しているとの反対意見が出され、対案として太平洋沿岸部を通す東海自動車道（現在の東名高速に相当）計画が提案されました。

国会を二分する議論の末、最終的にはワトキンス調査報告書（次項参照）の「東京より名古屋に至る中央道案は、東海道沿い路線との比較線ではなく、経済開発のために望ましいもう一つの計画である」との見解から、1960（昭和35）年に中央自動車道とともに東名高速（正式路線名「高速自動車国道東海道幹線自動車国道」）も同時に整備が決まりました。

高速道路網グランドデザイン

「外骨格」式

沿岸部を外周するように建設、配置する。ダブルネットワークにより万が一の信頼性が向上

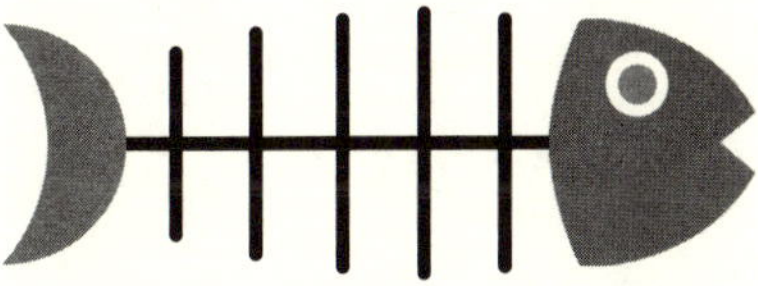

「魚の骨」式

幹線で内陸部を貫通させて、支線を配置する。コンセプトは分かりやすい

TOMEI MEISHIN
0-08

日本初の高速道路は名神高速から

中央自動車道案と東名高速案との議論が白熱している間に、いずれの案に決定したとしてもルート変化がない「小牧《こまき》〜西宮《にしのみや》」間の先行整備を1957（昭和32）年に決定し、1963（昭和38）年に「栗東〜尼崎」間の71kmが開通しました。これが日本初の高速道路「名神高速」です。

名神高速は「東京〜西宮」間を結ぶ日本の中央を通る高速道路として計画されたため、当初の正確な名前は「高速自動車国道中央自動車道小牧吹田《すいた》線および高速自動車国道吹田神戸線」といいます。その後1966（昭和41）年に現在の正式な路線名「中央自動車道西宮線」になりました。

日本の交通事情

日本は、鉄道や水上交通が早くから発達していました。しかし道路については昭和30年代になっても国道ですら未舗装区間が多く、1956（昭和31）年に重要な道路とされていた国道は77％が舗装されていませんでした。道路幅は狭く、悪天候で通行不能になることもありました。

当時の道路は、歩行者や自転車の他に牛車や馬車も利用しており、さらに自動車が加わろうものなら、狭い道路は大混雑でとても危険な状態になります。

高速道路の計画は戦前からあったのですが、高速道路の調査を本格的に行ったのは1945（昭和20）年の終戦から6年後の1951（昭和26）年です。「東京～神戸間高速道路自動車調査」いう形で建設省による高速道路の調査が再開されました。

日本の高速道路は、海外から招いた名だたる技術者が、日本の地形や土質を調査し、自然との調和を大事に造られています。なので、名神高速は後に造られることになった高速道路の「礎」になっているといっても過言ではありません。

ワトキンス調査団来日まで

1954（昭和29）年に、アメリカカリフォルニア州の技師J・C・ウォーマック氏を招へいし「東京～神戸」間の建設調査を依頼しました。その結果「東京～神戸に有料道路や高速道路の建設は実現可能で、建設したとしても、道路の交通量と通行料金で採算がとれる」と提言したため、建設省は「中央自動車道」の審議を開始します。

また、翌年の1955（昭和30）年、佐久間ダム（静岡県）の建設を担当していた、アメリカのガイ・F・アトキンソン社の技師であるパーカ氏が日本に滞在していた際、名神高速の調査を依頼したことがありました。

彼は、建設が予定されていた「東京～神戸」間の高速道路計画のうち「名古屋～神戸」間を「1期区間」とし、切り離して調査したところ「名古屋以西の交通量が、名古屋以東よりも多く、経済価値が高い」という見解を示しました。

さらに「名古屋～神戸」の区間は、当時の建設省が既に調査していたルートと全く同じであったことや、事業費との兼ね合いにより「名神高速は名古屋から神戸を通すことで経済効果がある」ということも提言しました。

日本政府は名神高速の建設に踏み切るため、1956（昭和31）年に「日本道路公団」を設立しました。また、経済や技術に精通している6人の外国人専門家（ワトキンス調査団）に調査を依頼しました。

ワトキンス調査団の団長、ラルフ・J・ワトキンス氏の有名な言葉です。

「日本の道路は信じがたいほどに悪い。工業国にしてこれほど完全に道路網を無視してきた国は日本のほかにはない。」

この言葉は新聞にも取り上げられ、日本中で大騒ぎになりました。

彼は名神高速に関して5か月にわたる調査の中で「名古屋から神戸を速やかに建設するように」と提言しました。

世界銀行からお金を借りるには条件が必要

高速道路を造るには多大な費用がかかります。そこで日本は、世界銀行からお金を借りることにしました。これまで、外国から何人もの専門家に高速道路建設の調査を依頼してきましたので、万全の態勢で世界銀行の関係者を日本に招き、名神高速予定線の視察をさせました。しかし世界銀行からは「線形と土質」について問題として意見を出されました。

①外国から線形に詳しいコンサルタントを呼び、技術計画を検討すること
②名古屋～神戸間で工事区間を分けて尼崎～栗東間を第1期区間とすること

以上、二つの条件を世界銀行が求めてきました。

そこで日本政府は、線形のコンサルタントとしてドイツからクサヘル・ドルシュ氏、土質舗装のコンサルタントとしてアメリカからポール・E・ソンデレガー氏を招へいし、名神高速はようやく万全の態勢で建設されることになりました。

妥協を許さないコンサルタント

クサヘル・ドルシュ氏は、ドイツのアウトバーンを造ったフリッツ・ドット氏の部下で、ドイツの高速道路技術に誇りを持った人でした。彼が日本で開いた学校は「ドルシュ学校」と呼ばれ、日本道路公団の技術者をはじめ、高速道路に関わった多くの人が彼から線形技術について学びました。

彼はトンネルとまっすぐな道路が好きではありませんでした。トンネルやまっすぐな道路はドライバーの負担になると考えたからです。そこで、日本人の技術者に教えたことは「自然との調和」「クロソイド曲線」でした。道路に緩やかなカーブをつけることによってドライバーが居眠りするのを防ぎ、クロソイド曲線という、ハンドルを一定の率で回転させたときに車の軌跡が描くカーブを線形に使いました。

彼の考えた、自然を壊さず景色に溶け込んだ高速道路を造ることは、山の多い日本の地形にはとてもよく合っていました。「道路に再生産はない。後世に200年、300年と残るもの。比較をして初めて自信が生まれる。自信を持てるものがベストである。」妥協を許さない姿勢で技術者たちに指導したことは、後の東名高速や中央道の建設にとても役立ちました。

フランクなコンサルタント

ポール・E・ソンデレガー氏はアメリカの土質舗装コンサルタントで、のんびりとした性格の人でした。当時彼の1日の報酬は100ドル（当時のレートで3万6000円）で、日本道路公団職員の初任給が月給1万1400円だったため、日本はとても高いコンサル料を彼に支払っていました。しかし、彼はあまり欲がなく、世界各地から道路に関する研究資料を取り寄せては技術者達に渡すなど、給料のほとんどを日本の技術者のために使い、自分が持っている技術についても出し惜しみをすることはありませんでした。

また、世界銀行に対しても「日本は資金を有効に使い目的を達成している」という旨の報告書を提出しました。おかげで日本と世界銀行とのやりとりは上手くいきました。

好奇心旺盛なコンサルタント

アルバート・ラブ氏は、ポール・E・ソンデレガー氏の部下で、土質のコンサルタントでした。彼は京都の山科《やましな》にあった名神高速実験施設に2年間在職していました。好奇心がとても強く、土や塗装合材のかけらを手にとって何度も握りしめたり、時にはにおいをかいだり口に含んだりユニークでありながらもプロの姿勢を見せた人でした。

TOMEI MEISHIN
0-09

全区間開通と全線開通は違う？

日本で最初に開通した名神高速「栗東～尼崎」間71㎞の開通式は１９６３（昭和38）年7月15日午前9時から京都南ＩＣで行われ、翌日7月16日に料金所が開きました。

区間開通

高速道路は一気に造って全線開通させるというわけではありません。路線を区間で区切り、それぞれの工期を決め、区間ごとに少しずつ造っていき、区間ごとに完成、開通をさせます。これを「区間開通」といいます。

東名高速の全区間（東京ＩＣ～小牧ＩＣ）が開通したのは１９６９（昭和44）年です。「大井松田～御殿場《ごてんば》」間（25・８㎞）が最後の区間完成でした。

また、区間完成を同時に行い開通させるという珍しい例があります。名神高速の「一宮《いちのみや》～関ケ原」間と「尼崎～西宮」間がそれにあたります。１９６４（昭和39）年9月6日、二つの区間は同時刻にテープカットが行われました。

全線開通

全線開通とは、区間完成で、既に開通されている道路の全てが繋がり、起点から終点までの道路が完成することを指します。

首都高速と繋がっていない東名高速道路(東名高速建設誌より)

現在の東名高速は首都高速と接続されていますが、東名高速が東京ICから小牧ICまで繋がった1969(昭和44)年当時は、首都高速と接続ができておらず、東名高速と首都高速の双方に乗り入れする際にはいったんインターチェンジを降りたあと、一般道路を

東名高速全線開通式は足柄SA本線にて（日本道路公団30年史より）

京都南ICで行われた名神高速開通式（同右）

経て他方に乗り入れする方法をとっていました。

２年後の１９７１（昭和46）年に、東名高速は東京料金所から首都高速３号渋谷線と繋がり、東名高速最後の未供用区間が供用開始されました。これにより東名高速は全線開通となりました。

また、首都高速との双方の乗り入れが可能となりました。

開通式と供用開始は別の日!?

東名高速全区間開通式は１９６９（昭和44）年5月26日に足柄ＳＡ本線で行われ、その日の15時に供用開始しました。一方で、名神高速は、全区間開通式を１９６５（昭和40）年6月30日に行い、翌7月1日に全区間供用開始しました。

名神高速は区間開通を深夜０時に行っていました。そのため早く走りたい車が深夜の料金所前で列を作りました。誰よりも早く高速道路を走りたいという気持ちは時代が流れても変わらないようです。

第1章

東名高速道路の不思議と謎

日本経済を支える大動脈！

TOMEI MEISHIN 1-01

東名高速は「東京～名古屋」間を結ぶ道路ではない？ 本当の名前は「第一東海自動車道」

東名高速の起点は「用賀」ではない!?

高速道路は大きく二つに分けることができます。

①大都市に限らず地点から地点を結ぶ都市間高速道路

②大都市にある都市高速道路

この場合、①は東名高速が、②は首都高速や阪神高速が該当します。

1960（昭和35）年の東名高速計画は「東京都渋谷区代々木（環状6号線）から小牧IC（愛知県小牧市）」までを結ぶ356kmを開通させる予定でした。しかし、規格もコンセプトも違う都市間高速道路を都市部まで延ばすのは難しいとされ、起点の計画は「東京都世田谷区（環状8号線）」に変更となりました。その後、首都高速3号渋谷線の延伸計画が決まったことで、東名高速の起点は現在の**「東京都世田谷区砧公園」**になりました。

高速道路の通称と路線名の関係

<table>
<tr><th>通称</th><th colspan="2">路線名</th><th>起点</th><th>終点</th></tr>
<tr><td>東北自動車道</td><td>東北縦貫自動車道</td><td>川口青森線</td><td>川口市</td><td>青森市</td></tr>
<tr><td>関越自動車道</td><td>関越自動車道</td><td>新潟線</td><td>東京都練馬区</td><td>新潟市</td></tr>
<tr><td>常磐自動車道</td><td>常磐自動車道</td><td>三郷いわき線</td><td>三郷市</td><td>いわき市</td></tr>
<tr><td>東名高速</td><td colspan="2">第一東海自動車道</td><td>東京都世田谷区</td><td>小牧市</td></tr>
<tr><td>中央自動車道</td><td rowspan="3">中央自動車道</td><td>富士吉田線</td><td rowspan="3">東京都杉並区</td><td>富士吉田市</td></tr>
<tr><td>名神高速</td><td>西宮線</td><td>西宮市</td></tr>
<tr><td>長野自動車道</td><td>長野線</td><td>長野市</td></tr>
<tr><td>新東名高速</td><td colspan="2">第二東海自動車道</td><td>東京都</td><td>名古屋市</td></tr>
<tr><td>伊勢湾岸自動車道</td><td rowspan="2">近畿自動車道</td><td>名古屋亀山線</td><td>名古屋市</td><td>亀山市</td></tr>
<tr><td>新名神高速</td><td>天理吹田線</td><td>天理市</td><td>吹田市</td></tr>
<tr><td>中国自動車道</td><td colspan="2">中国縦貫自動車道</td><td>吹田市</td><td>下関市</td></tr>
</table>

普段呼んでいる高速道路名称は通称で、法律上の路線名があります

東名高速と首都高速は「環八東名入口」交差点で接していて、この交差点を境に西が砧公園、東が上用賀です。交差点の反対側に首都高速の「用賀出入口」があることから「東名高速の起点は用賀」と誤解されますが、「砧公園」が正解です。

「東名」はニックネーム「本当のキミの名は？」

東名高速を略して「東名」ということがあります。それが一般化されているので誰も疑問に思いません。実は「東名高速」や「東名」という名前、ニックネーム（道路の通称）で、本当の名前（路線名）は「第一東海自動車道」です。

「東名高速」というと東京や名古屋の大都市

間を結び、そこを通っているイメージを持ちますが、「第一東海自動車道」という名前ではいかがでしょう？　これで少なくとも、見た目で東京から名古屋を結ぶ道路ということがわかりにくくなり、「東海地方を通っているのかな」という道路名になりました。また、「第一があるということは第二もある？」と思った方はいい勘をしています。新東名高速道路が「第二東海自動車道」になります。

名古屋の都市部を迂回するルート

東名高速は地点から地点を結ぶ「都市間高速道路」なので大都市内を経由する必要がありません。都市の中心部は車の流れを円滑にする都市高速道路が担当し、都市近郊から早くより遠くへ物資や人を運ぶことに特化した都市間高速道路と役割分担しています。

都市高速道路は市街地を通過するため、小さな曲線半径で設計しています。また、道路の幅員も3・25mで、路肩も狭くなっています。そのため設計速度は60km／hです。都市部は地価が高いこともあり、できるだけ公用地部分に通そうとしているため、都市高速道路の大部分は高架構造になっています。一方、都市間高速道路の最高速度は80km／hから、場所によっては100km／hです。都市間高速道路の大部分が土工です。そういった点を踏まえても都市高速道路と都市間高速道路は異なります。

TOMEI MEISHIN
1-02

東京と名古屋、どっちが「都」？東名高速の「起点と終点」「上り線と下り線」とは

「都に上る」という慣用句

東名高速は１９６９（昭和44）年に、大井松田ＩＣから御殿場ＩＣまでを結ぶ道路の完成をもって開通しましたが、全線開通は2年後の１９７１（昭和46）年です。

起点は東京都世田谷区にある東京ＩＣ、終点は愛知県小牧市にある小牧ＩＣです。路線の延長は３４５・８㎞で、現在は一つの料金所と上下線で36個のインターチェンジ、43個のサービスエリアとパーキングエリア（上下集約のサービスエリアは1個としてカウント）を備えた日本の大動脈です。

東京から出発する方向を下り線、小牧から出発する方向を上り線としています。さて、ここで疑問が生まれます。起点の東京から小牧へ向かうのが下り線なのです。

これは古くからの慣用句に、都へ行くことを「都に上る」または「上京」といったこと

から「東京へ入る」路線は上り線、「東京から出る」路線を下り線としています。

現在では指定都市の制度に基づいて、その地域で中心となる場所に向かう路線を上り線、離れていく路線を下り線とすることがあります。

高速道路で「上り線と下り線」を見分ける方法はキロポスト（後ほど詳しく説明します）にあります。

たとえば「東京へ上る」につれて、キロポストの数字が小さくなっていきます。また「東京から下る」方向のキロポストは、東京から離れる（小牧ＩＣ方面へ進む）に従ってキロポストの数字が大きくなっていきます。

起点と終点は「入口と出口」もしくは「始まりと終わり」のようなもので、この場合は「起点＝入口・始まり」「終点＝出口・終わり」を表します。これを東名高速に置き換えると「東京ＩＣ＝入口・始まり」「小牧ＩＣ＝出口・終わり」となります。

「起点の東京ＩＣ」は０キロポストで表示され、「終点の小牧ＩＣ」は……３４６・７㎞キロポストを最後に、そのまま名神高速へと続きます。

高速道路の起点と終点は路線によって異なるため、一概に東京が起点というわけではありません。

TOMEI MEISHIN 1-03

起点・終点たる東京インターチェンジに料金所がないのはなぜ？

東京ICと東京料金所は別物？

東名高速は、都心から首都高速3号渋谷線を使うと、そのまま分岐もなく東名高速へ入ることができるので、東京ICの存在は知っているようで意外と知られていない気がします。そのため「東京IC＝東京料金所」という認識の方もいるのではないでしょうか。実は東京ICと東京料金所は別物で、二つは離れたところにあります。

高速道路のインターチェンジには、料金所が併設されているのが一般的です。それを「インターチェンジ料金所」といいます。しかし、東京ICは片方向の名古屋方面だけに存在する「ハーフインターチェンジ」であり、東名高速の導入道路という形態なので料金所はありません。

東京ICから6㎞離れた先の本線上に東京料金所があります。これが他のインターチェンジとの大きな違いです。

高速道路は利用したところから通行料が発生します。これをターミナルチャージといいます。タクシーでいうところの初乗りみたいなものです。

東京ICから東京料金所まで6km離れているのはなぜ？

東京料金所はこの地点を通行する全ての車両について、料金収受または検札の必要があるため、料金所のレーン数をたくさん用意しなければなりませんでしたが、東京ICの近傍にはその用地がありませんでした。広い用地を確保できたのが、現在の東京料金所の場所（神奈川県川崎市）でした。東京料金所のように本線上に設置されている料金所のことを「トールバリア（TB）」といいます。

ここは東京インターチェンジです。東京料金所はここから6km先にあります

東京料金所は神奈川県川崎市にあります。料金所を造るために必要な土地(土工部)がここしかなかったからです

TOMEI MEISHIN
1-04

東名高速と首都高速の境界線はどこにある？

東名高速と首都高速は高架橋で繋がっています。下には環状8号線が通っています。東名高速を管理運営しているのは中日本高速道路株式会社（以下、NEXCO《ネクスコ》中日本）、首都高速を管理運営しているのは首都高速道路株式会社（以下、首都高速）。この二つの会社が管理運営している高架橋には境界線があります。それが環状8号線の真上にある高架橋上の「0キロポスト」です。

首都高速を東京都心方面から降りずに東名高速に乗ろうとすると、0キロポスト直後に「東名ここから」の標識を確認できますが、よく見ると0キロポストとは少し離れたところにあるのです。

これについて説明しますと、高速道路には「財産区分」と「管理区分」があります。NEXCO中日本の起点と財産区分は「0キロポスト」からですが、東名高速としての管理区分は「東名ここから」なのです。このように財産上の起点と管理上の起点でズレが生じています。

そうなると道路を巡回するパトロールカーは、この橋梁区間をどのように管理しているのか気になります。

NEXCO中日本では、東京料金所から起点方面に出発したパトロールカーは、東京ICのオフランプへ行くパターンと、橋梁区間にある0キロポストまでを巡回するために橋梁を通って環状8号線を渡り、首都高速に入って次のインターチェンジである三軒茶屋ICのオフランプまで巡回するパターンがあります。

また、首都高速の場合についても同様で、都心から向かって首都高速用賀ICで降りるパターンと、橋梁区間にある0キロポストまでを巡回するために環状8号線を渡り、0キロポスト、「東名ここから」も越え、さらに東京料金所を通って東名川崎ICのオフランプまでを巡回するパターンです。

橋梁部の東名高速0キロポストと東名ここから。これだけのズレが生じています

NEXCO中日本と首都高速は協定を結び、お互いのエリアに入り込むことで巡回の空白地帯を作らないようにしています。この方法を「追い込み方式」と呼んでいます。共用している橋梁部のメンテナンス費用は両社で負担します。

TOMEI MEISHIN 1-05

東名高速の遮音壁のデザインは工業デザイナーの柳宗理氏の作

東名高速下り線で、東京料金所のゲートをくぐると正面にカラーの花のようなブルーのオブジェを見ることができます。オブジェを軸に高速道路を覆いかぶせるシールド状の巨大な遮音壁、ゆるやかな丸みを帯びた曲線を描く形状がしばらく続きます。

柳宗理氏デザイン遮音壁

時代が経過しても色あせることがないデザインは、運転中のドライバーをいつも新鮮な気持ちにさせてくれます。この遮音壁を見るのを楽しみに高速道路に乗る方もいるのではないでしょうか。

東京料金所の遮音壁をデザインしたのは、日本の工業デザイナーとして世界中で活躍した柳宗理《やなぎそうり》氏です。ドライバーの視界や近隣の景観を損なわないように、遮音壁の高さを上り線側と下り線側で6m、中央分離帯の遮音壁の高さを8mまで上げ、曲線を多く使う形を採用し、１９８０（昭和55）年に設置されました。

東名高速開通時、東京料金所周辺に遮音壁はありませんでした。それは周囲に住宅が少なかったからです。次第に住宅が増えていき、近隣の住民から高速道路の騒音対策を望む声が上がったことから遮音壁の設置に至りました。

東京料金所は東名高速の玄関口であるとともに、外国人も多く利用するため、芸術性に富んだイメージのいいものであることが重要視されました。そこで、柳宗理氏が起用されました。

柳宗理氏デザイン東名足柄橋

彼のデザインは、やわらかく丸みを帯びた曲線を立体的に表現することが得意であったため、横浜市営地下鉄のベンチや水飲み場のデザインを手がけるなどしており、高速道路の構造物としては遮音壁の他に、１９８５（昭和60）年に関越道関越トンネル坑口、１９９１（平成３）年に、東名高速足柄橋のデザインも手がけました。
彼がデザインを手がけた高速道路の構造物に共通していることは「ブルー」の色が使われていることです。たとえば関越トンネルの坑口は広くとることで、外光が採りいれやすくなるため、ドライバーの視界が急に暗くならない効果となっていますが、さらに「ブルー」で縁取ることにより、雪が降っても一目でわかるように工夫をしています。

東京料金所遮音壁や、東名高速足柄橋にも「ブルー」の色が使われていますが、彼が高速道路の構造物にブルーのイメージを持っていたかどうかについて定かではありません。

関越トンネル（写真：坂田悠樹氏）

「遮音」「防音」の違いとは？

高速道路の遮音壁はよく防音壁と間違えられます。遮音は「音を遮断する」意味を持ち、音が外に漏れるのを小さくする方法であり、音が外に全く漏れないというわけではありません。

防音は「音を外に漏れ防ぐ」意味を持ちます。正確には、防音という大きなくくりの中に、遮音と吸音があり、防音は遮音と吸音の素材を意味します。したがって、高速道路に設置されているものは全て遮音壁です。

TOMEI MEISHIN
1-06

東名高速インターチェンジの謎

インターチェンジ名は一点もの？

東名高速で最初に降りられるインターチェンジは、東京ＩＣから７・６㎞先にある「東名川崎ＩＣ」です。このインターチェンジは一般国道２４６号へのアクセスが容易にできるため、ここで降りる車も少なくありません。

さて、東名川崎ＩＣに、わざわざ「東名」という名前がつけられているのは、他の路線インターチェンジ名との重複を避けるためです。たとえば東名高速よりも前の１９６５（昭和40）年に開通した第三京浜にある「京浜川崎ＩＣ」と混乱しないように区別しています。ちなみに、山形道に「宮城川崎ＩＣ」がありますが、この道路は東名高速よりも後に造られた路線なので関係性はありません。

高速道路のインターチェンジやサービスエリア・パーキングエリアには、他の路線と同じ名前をつけることを避けているので「一点もの」といいたいところなのですが、例外があります。東北道「郡山《こおりやま》ＩＣ」と、西名阪道《にしめいはんどう》「郡山ＩＣ」です。

インターチェンジ番号の2番がないのはなぜ？

インターチェンジの標識に、数字が振られているのを目にします。それを「インターチェンジ番号」といいます。この場合、ジャンクションもインターチェンジに該当して番号がつけられます。

東名高速の場合、全区間開通当時のインターチェンジである22か所と、中央道と接続する小牧ＪＣＴの１か所の、合わせて23か所に番号がつけられました。起点の東京ＩＣを「１」とすれば、終点の小牧ＩＣは「23」となるはずですが「24」になっています。これは「２」が欠番になっているからです。

東名には砧（きぬた）が隠れている

東京を起点とする都市間高速道路は、中央道の高井戸ＩＣ、関越道の練馬ＩＣ、常磐道の三郷ＩＣなども含め都心の端部を起点に放射状に伸びています。これらの高速道路を相互乗り入れするには、一般道路に降りて乗り換えるか、首都高速を経由する必要がありま

東名高速建設誌の砧ＪＣＴ計画図を航空写真にあてはめるとピッタリ一致（地理院地図空中写真に加筆）

すが、ただでさえ逼迫《ひっぱく》する首都圏の交通集中に拍車をかけることになります。

そのため、起点付近で相互乗り入れできる、東京外《がい》かく環状道路（外環道）の計画が東名高速建設当時からあり、東名高速と外環道の接続部として東京ＩＣと東名川崎ＩＣとの間に「砧《きぬた》ＪＣＴ（仮称）」の準備がされました。

このジャンクションは、将来的に相当な交通量を見込み、周辺部が発展することを考慮した結果、交通容量が比較的大きく、用地面積が比較的小さいタービン型ジャンクションの採用が決定しました。そこで、ジャンクションの形状に合わせた接続部を、東名高速建設時に先行して造りました。この接続部に相当する三角形の余地が東京Ｉ

外環道との接続のために準備工事がなされている。砧付近にて（地理院地図空中写真より）

Cから1・8kmの場所にあることを東名高速を走行中に確認できます。

この「砧JCT（仮称）」にインターチェンジ番号の「2」を割り振る予定のため、2018（平成30）年7月現在は欠番です。

東京オリンピックを契機に計画前進

「砧JCT（仮称）」接続部は、約半世紀にわたり利用されない状態でしたが、2012（平成24）年になり、外環道の大泉ICから「砧JCT（仮称）」までの区間について事業化が正式に決定、2020年の東京オリンピック開催までの供用を目標に工事が進められ、これによりようやく日の目を見ることになりました。

さて、2018（平成30）年7月現在、国土交通省が公開している資料によると、ジャンクションの名前は「東名JCT（仮称）」となっており、最終的に砧JCTなのか東名

ＪＣＴなのか、今後はこの名称にも注目したいところです。

東名高速建設当時、外環道はジャンクション付近の区間を高架道路として計画していましたが、周囲の発展に伴い用地確保が困難であることや、騒音、振動など周辺環境への影響を考慮して、地下40ｍを超える大深度地下道路として整備することになりました。そのため、東名高速と交差するランプが東名高速上方向（東名高速を跨ぐ）から下方向（東名高速を潜る）に変わるだけで、基本構造は変わらない予定です。まさに先見の明です。

東名高速開通時よりあとから増えたインターチェンジには枝番号が付きます（3-1横浜青葉IC）

枝番号付きインターチェンジ

横浜青葉ＩＣは「３－１」です。数字にハイフンが入っていると、まるで学校の教室のようです。この教室のような番号を「枝番号つきインターチェンジ番号」といいます。

後から造られたインターチェンジの番号は、元々あった基準となる番号の隣に「ハイフン番号」がつけられます。

たとえば、東名川崎ＩＣは元からあったインターチェンジなので「３」となっていますが、横浜青葉ＩＣは後から追加されたインターチェンジなので「３－１」となりました。

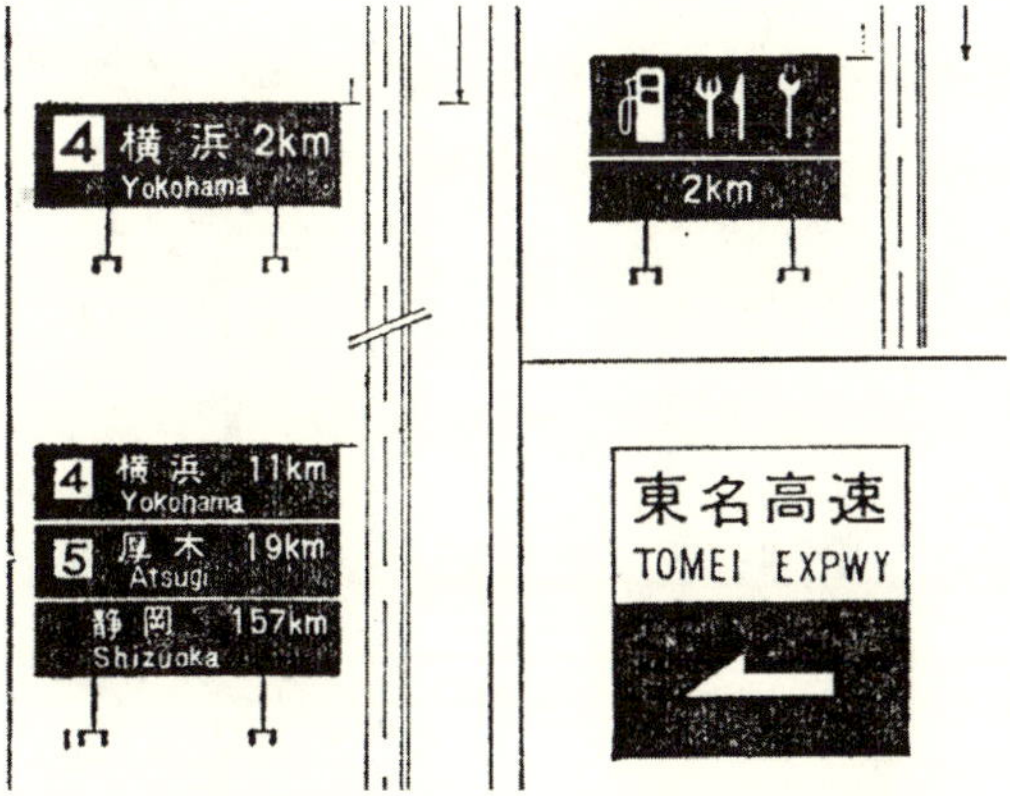

東名高速の建設誌には当初「横浜IC」だったことが図で記されています（東名高速建設誌より）

改名したインターチェンジ

横浜町田ＩＣは、東名高速開通当初「横浜ＩＣ」という名前でした。後に、横浜青葉ＩＣを造ることが決まり改名されました。

二つのインターチェンジはどちらも「横浜」がつけられていますが、それぞれのインターチェンジが横浜市街地に近いことや「青葉」に関しては、仙台市の青葉区と区別するために、横浜の地名がインターチェンジ名に選ばれました。

TOMEI MEISHIN 1-07

どんどん増えて、どんどん便利 スマートインターチェンジはそれぞれに特徴あり

東名高速が開通した1969（昭和44年）年には22個だったインターチェンジが、現在（2018年7月）では36個になりました。

2004（平成16）年から2009（平成21）年にかけて、ETC利用に限り、サービスエリアやパーキングエリアからも出入り可能なスマートインターチェンジ（以下SIC）の社会実験が行われました。そこで国土交通省は、高速道路の平地部におけるインターチェンジ間の平均距離10kmを5kmに改善することを念頭に、2006（平成18）年7月に「スマートインターチェンジ（SA・PA接続型）制度実施要綱」を定めました。

スマートインターチェンジのメリットは、高速道路の利用者がインターチェンジに向かうまでの時間や距離の短縮など利便性の向上、高速道路においてはインターチェンジが分散されることによる渋滞の解消や地域の活性化、工業や産業の発展などが挙げられます。

デメリットはこれまで交通量の少なかった地域の交通量の増加が挙げられますが、メリ

ットのほうが多いことから２００９（平成21）年以降、各高速道路でスマートインターチェンジが次々と導入されました。

スマートインターチェンジは「本線直結型」と、サービスエリアやパーキングエリア、バスストップに併設される「併設型」があり、ＥＴＣ車のみ通行可能で、ＥＴＣゲートの前では一時停止が必要です。

東名高速「守山スマートインターチェンジ」供用開始

２０１８（平成30）年3月24日、守山《もりやま》ＳＩＣが共用開始されました。名古屋ＩＣ「21」の枝番号ということで、守山ＳＩＣは「21－1」になりました。

守山ＳＩＣはパーキングエリア「併設型」のスマートインターチェンジです。

一般道路からは、東名高速上り線（静岡・東京方面）、東名高速下り線（小牧・京都方面）、どちら方向にも流入できます。ただし、守山ＰＡの利用はできません。流出前に守山ＰＡを利用できるのは下り線側のみです。守山ＰＡ

守山PASIC下り線はパーキングエリアを利用してから流出可能

を利用したい場合は手前のインターチェンジから流入する必要があります。

名神高速「安八スマートインターチェンジ」供用開始

東名高速守山ＳＩＣと同日に、名神高速安八《あんぱち》ＳＩＣが供用開始されました。名神高速のインターチェンジ番号は東名高速からの引継ぎとなっているため（これについては後ほど詳しく説明します）、安八ＳＩＣは「25－3」になりました。

流入車は「止まれ」。左から車が来ないことを確認してから本線へ

このインターチェンジはダイヤモンド型が変形した「平面Y型」と呼ばれるもので、流出入の車が交差するため、交通量が非常に少ない場合に適用される形式です。

安八ＳＩＣから名神高速下り線（京都方面）へ流入する車線と、名神高速下り線（名古屋方面）から安八ＳＩＣへ流出する車線には交差点があります。そのため、安八ＳＩＣから下り線（京都方面）へ流入する車は交差点でいったん停止し、名神高速下り線（名古屋方面）から安八ＳＩＣ出口へ流出する車がこないことを確認してから、交差点を通過する必要があります。

TOMEI MEISHIN
↖ 1-08

高速道路にある、カルタの絵柄みたいな看板「カントリーサイン」が描くもの

高速道路を走っていると、まるでカルタの絵柄のような看板を見ることができます。これをカントリーサインといいます。カントリーサインは、都道府県市町村の境界線に建てられています。看板に描かれているイラストは、景色、歴史、人物、名物など多種多様で地域の特徴やランドマークを表しています。

たとえば、川崎市カントリーサインは市民の花、市民の木にもなっている「ツバキ」がモチーフの看板です。赤色と白色の色使いは緑色が多い高速道路上ではとても目立ちます。川崎市は市制50周年を記念して、１９７４（昭和49）年に市民投票によってツバキの花が緑化にふさわしい花として選ばれました。

横浜市のカントリーサインは「初代日本丸」を表しています。初代日本丸は１９８４（昭和59）年に帆船としての役目を終えた後、１９８５（昭和60）年より、横浜みなとみらい21にある日本丸メモリアルパークのドックで浮体展示されています。２０１７（平成

29）年には、展示ドックと合わせて国の重要文化財になっています。

町田市のカントリーサインは「町田市立国際版画美術館」です。美術館の建物がモダンなので、見ただけでは何を表しているのかわかりにくいですが、日本で数少ない版画美術館をカントリーサインにしているところに町田市のセンスを感じます。

伊勢原市のカントリーサインは丹沢《たんざわ》山地を登る「大山《おおやま》ケーブルカー」を表しています。大山ケーブルカーは１９３１（昭和６）年に開業しましたが、１９４４（昭和19）年に太平洋戦争中の物資欠乏により一度廃止、戦後の１９６５（昭和40）年に再開しました。起点は大山ケーブル駅で、続いて大山寺駅があり、終点は阿夫利《あふり》神社駅で総延長０・８㎞です。山頂にある大山阿夫利神は「あめふり山（雨降り山）」とも呼ばれています。

このように、カントリーサインから地域の特徴を読むことができます。

日本丸の絵柄は、東名高速のカントリーサインの中でも人気

夏になると草に埋もれる伊勢原市カントリーサイン。見つけるのは至難の業

TOMEI MEISHIN 1-09

改良工事が進む渋滞ポイント大和トンネルはなぜ渋滞するの？

ハイウェイラジオ（後ほど詳しく説明します）で「大和《やまと》トンネル付近を先頭に○km渋滞しています」ということをたびたび耳にします。その大和トンネルは横浜町田ICと厚木《あつぎ》ICとの間にある長さ280mのトンネルで、東名高速の渋滞ポイントとして有名ですが、トンネルをよく見ると、コンクリート板で覆われた箱状のものであり、山をくり貫いて造る他のトンネルとは違うことがわかります。

東名高速は大和市付近において、厚木飛行場（名前に反して、厚木市ではなく大和市と綾瀬市にまたがっています）の滑走路北端から約1kmの場所を通過しています。この滑走路は南北方向に設けられており、北側に離陸または北側から着陸態勢の航空機が一日に何度も上空を通過する場所になっています。

大和トンネルは、この滑走路の延長線上に位置し、万が一の部品落下などによる二次被害を最小限に抑えるために設けられています。

滑走路付近を通る東名高速

東名高速建設当時の１９６４（昭和39）年に、厚木飛行場からの離着陸訓練中であった米海軍航空機（ジェット戦闘機）が離陸直後に失速、大和市上草柳に墜落する事故がありました。

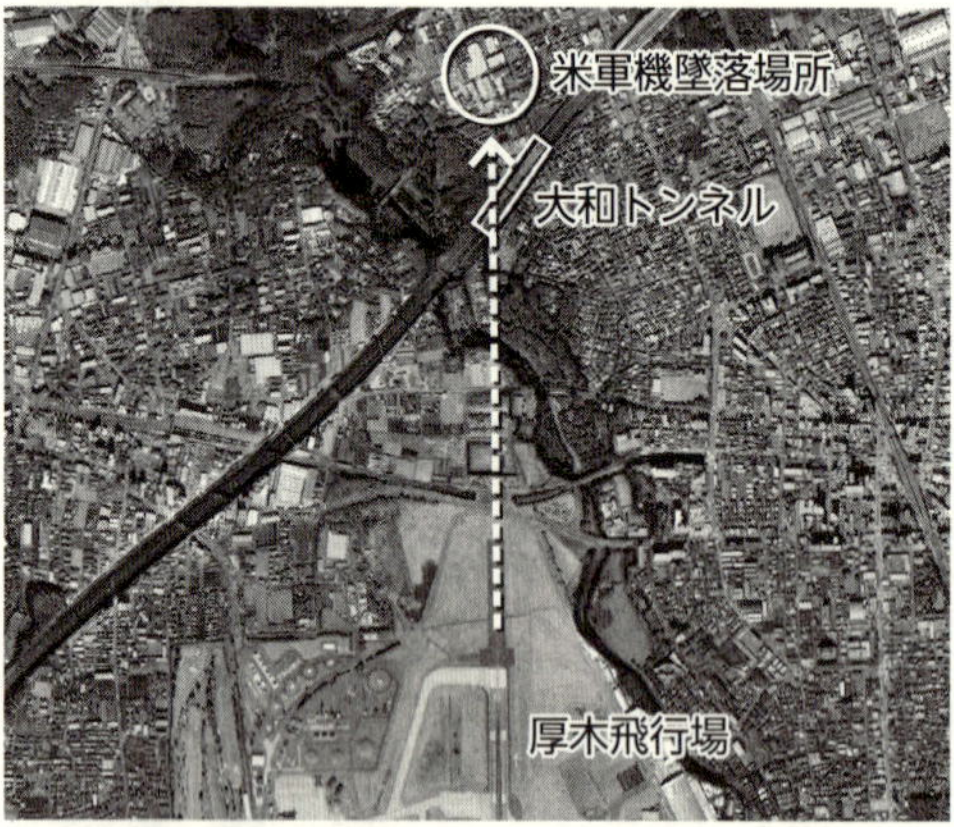

国土地理院の地理院地図空中写真に加筆

この墜落地点が東名高速予定路線の至近であったことから、防衛施設庁（現在は防衛省に統合）は高速道路の路線変更を求めましたが、この時既に大和市との高速道路設計協議が合意に達しており、１９６７（昭和42）年の開通に間に合わせるために工事の準備を進めていたことから、路線変更しないことにしました。

それに対して、防衛施設庁は１９６５（昭和40）年に、高速道路の安全対策を要望してきました。そのため、滑走路の延長線上を通過する箇所を掘り下げ、航空機の邪魔にならないように半地下を通るようにするとともに、一部区間について地表面の高さに合わせた箱型のトンネルを造ることにしました。これが現在の大和トンネルです。

トンネルは、直接この上に航空機が墜落する事態には強度が足りませんが、墜落した航空機が南北方向から滑走してきた場合には、やり過ごすことができます。また、部品落下にも耐えうる強度があります。

航空機事故はあってはならないことですが、万が一発生した場合に備えて準備したものであり、安全を守るためには必要な施設なのです。

大和トンネル「付近」という表現の功罪

道路交通情報では「大和トンネル付近を先頭に渋滞」という表現をします。そのため「大和トンネル建設時に掘り込んだことによるトンネル内のサグ（傾斜変化点）があり、これが渋滞の原因となっている」と誤解されています。

ところが、下り線のサグは22〜23キロポスト間と26〜27キロポスト間の2か所で、大和トンネル（24〜25キロポスト間）以外の場所にあります。下り線に関しては大和トンネルがサグ渋滞の直接原因ではないのです。一方、上り線は大和トンネル直前で上り坂傾斜が強くなる（角度がきつくなる）サグですが、厳密にはトンネル手前で渋滞が発生していることになります。

道路交通情報において、大和トンネルは単に目印の意味でしかありません。しかし「大和トンネル」「渋滞」というフレーズを繰り返し聞いているうちに、運転手は「大和トンネルで渋滞する」と刷り込まれるのです。まさにサブリミナル効果です。

どうしたら渋滞発生しない？

ここが渋滞発生ポイント（大和トンネル上り線側）

大和トンネル付近の渋滞は平日よりも休日に多く発生します。また、時間帯により発生する方向が入れ替わり、午前中は下り線、夕方になると上り線で発生しやすくなります。首都圏在住者が郊外に出かけて休日を満喫し、目的を終えて夕方以降に首都圏に帰る、という行動パターンが多くの利用者に当てはまるのです。つまり、交通容量が不足しているのが最大の原因です。

これを解消するため、大和トンネルとその前後に車線を追加して片側4車線化する工事が2020年を目標に行われています。これによりこの区間の交通容量を増加し、渋滞緩和が図られることが期待されています。

かつては上り線と下り線が繋がっていた？ 壮大な構想もあった海老名サービスエリア

東名高速最初のサービスエリア

高速道路において、サービスエリアは50㎞ごと、パーキングエリアは15㎞から20㎞を目安に設置されていますが、これは前後にあるインターチェンジの位置や交通量、地域環境などを考慮して決められているため必ずしもそうとは限りません。海老名ＳＡはその例外の一つです。

東名高速は、東京ＩＣを出発しておよそ30㎞のところにサービスエリアを置くことになりました。理由は、当時の東名高速は東京ＩＣから厚木ＩＣまでの区間が6車線で交通量が多く、サービスエリアの利用率が高いとされたからです。そこで最初のサービスエリア設置ポイントとして選ばれたのが、東京ＩＣから31・3㎞地点にある海老名ＳＡです。

海老名ＳＡは上り線と下り線が別々に分かれている「分離式」サービスエリアですが、

東名高速の中で利用者が最も多い。メロンパンは下り線が発祥

東名高速開通当時、上り線と下り線が行き来できるオーバーブリッジ（跨道橋）がありました。

海老名ＳＡは、東名高速開通当時「内向型」サービスエリアでした。その理由は「外向型」サービスエリアにしたとしても、特に富士山の眺めがいいというわけでもなく、これといった特徴がなかったからです。そこで本線を走る車を眺めることができるよう、内側に売店などの商業施設を置く「内向型」サービスエリアにしていました。

海老名サービスエリアは「外向型」へ

海老名ＳＡは「外向型」サービスエリアへと変化しました。理由は利用者が増え、混雑するようになった結果、本線からサービスエリアへ入りたい車がランプ手前で列になり本線への影響が増えたこと、ガソリンスタンドを利用する車の、売店やレストランなどの商業施設を利用する人との接触事故を防ぐことからです。これにより、エリア中央にあったガソリンスタンドは出口付近へ設置となりました。

また、これまで売店やレストランなどの商業施設、トイレや無料の休憩施設はエリア内で個別に配置していましたが、これらの施設を一列に並べて一つの屋根をかけた建屋に変化しました。

さらに、上り線と下り線を結んでいたオーバーブリッジは「外向型」サービスエリアに変更したあとは通行できなくなりました。このオーバーブリッジは関係者以外立ち入り禁止の看板とともに、現在２０１８（平成30）年６月においても海老名ＳＡに残っています。

実現できなかったオーバーブリッジ型レストラン

海老名ＳＡ設置検討案の中に建築家の菊竹清訓《きくたけきよのり》氏によるオーバーブリッジ型レストランを造る計画がありました。しかし、その当時の法律では「やむをえない場合を除いて道路の上空に建物などを建てることはできない」となっており、この法律を改正しなければオーバーブリッジ型レストランを造ることはできませんでした。

1977年の航空写真に見る海老名SA（地理院地図空中写真）

今でもオーバーブリッジの痕跡が残っています（海老名SA上り線）

また、当時の日本道路公団の建設部やエンジニアが「『道路敷地は神聖にして冒すべからず』の聖域である」というポリシーを持った方も多く、構想はあったものの実現には至りませんでした。

一度は利用してみたいオーバーブリッジ型レストラン。今は法律も改正されたので、いずれサービスエリアで導入という日が来てもおかしくはありません。

TOMEI MEISHIN 1-11

渋滞を解消するはずの海老名ジャンクションが別の大渋滞の要因になってしまった!?

東名高速で「4－1」の番号を持つ「海老名JCT」は、東名高速と圏央道の接続部としての役割を果たしているので、ここから圏央道に乗り換えて中央道八王子方面へ向かうことができます。これまで、東名高速と中央道は双方に乗り換えのできる接続道路がなく、二つの道路は常に平行線の状態でした。

中央道高井戸ICは下り線の入口がない、出口のみのクオーターICになっているので、一般道路から中央道高井戸IC下り線方向へ行くには、必ず首都高速を経由しなければなりません。そのため、東名高速から中央道へ乗り換えたい場合、そのまま首都高速3号渋谷線・首都高速4号新宿線を経て中央道へ向かう方法、いったん東名高速東京ICを出て、環状8号線を北上し、やはり首都高速4号新宿線を経て中央道へ向かうなど、その逆に関してても乗り換えるには一筋縄ではいかない状態で、首都圏の交通集中を招く原因の一つになっていました。

それを解消するのが圏央道でした。東名高速海老名ＪＣＴが開通したことによって、圏央道を経由し、中央道に乗り換えられることは通勤やレジャーで周辺の地域を利用するドライバーにとって、渋滞から解放されることに違いありませんでした。

圏央道は「首都圏中央連絡自動車道」を略して呼ばれているニックネームです。都心よりおよそ半径40㎞から60㎞離れた場所を通り、首都高速Ｃ１を１番目としたときに、４番目の環状道路となります。

圏央道は一見、高速道路の顔を持っていますが、一部が一般国道の自動車専用道路で、一般国道４６８号、一般国道１２６号、一般国道１号といった具合に、国道としての顔を持っています。起点は神奈川県横浜市金沢区、終点は千葉県木更津《きさらづ》市で、２０１８年（平成30）年７月現在、総延長３００㎞のうち２６９㎞の区間は開通済みですが全線開通していません。海老名ＪＣＴから海老名ＩＣは東名高速の一部となっています。

「海老名ＪＣＴ」で断続的な渋滞が発生

本来ならば、渋滞から解放されるはずの道路でしたが、この海老名ＪＣＴで断続的な渋滞の発生が明らかとなりました。

東名高速上り線から海老名ＪＣＴを経て圏央道外回り（八王子方面）は２車線設けられ

海老名JCT線形改善の概略図

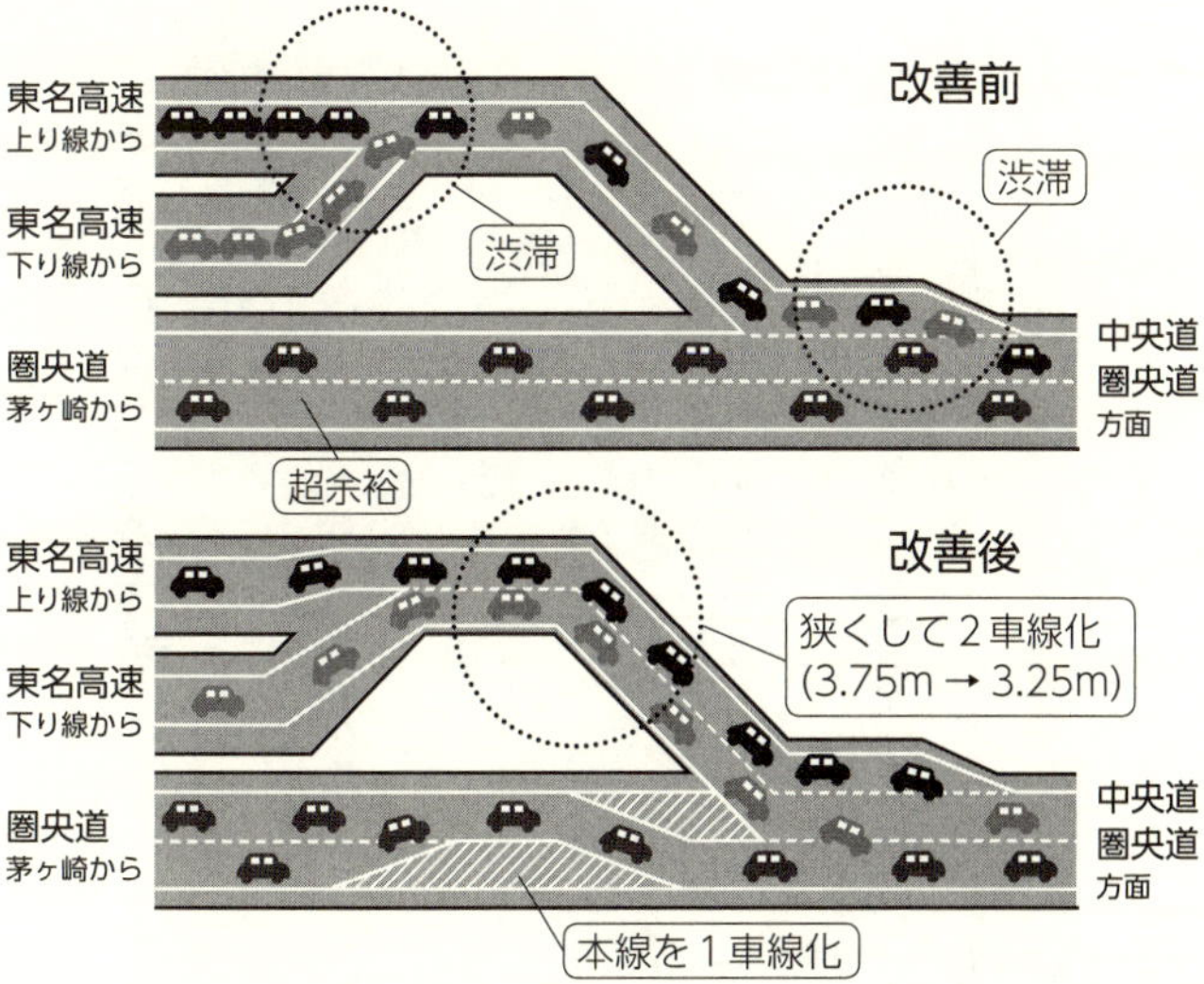

ており、そのまま2車線で圏央道に合流かと思いきや、右側の車線がなくなり、最終的には圏央道で1車線に合流することで大混乱になりました。

また、圏央道内回りに関しても同様で、海老名ＪＣＴを経て東名高速（東京方面）へ行きたい車は、圏央道の2車線のうち、1車線は東名高速へ合流用の車線が設けられているのですが、その車線が途中で2車線となり、さらに東名高速合流時にまた1車線になるため、2回に渡る車線変更が必要となりました。繰り返し車線変更を行うことがボトルネックとなり、圏央道外回りは東名高速本線、及び小田原厚木道路付近まで、圏央道内回りは厚木ＩＣ付近まで慢性的な渋滞を引き起こすこととなってしまいました。

実施した渋滞解決策

この渋滞を解消するために実施したことは、本線（茅《ち》ヶ《が》崎《さき》方面）側、すなわち直線側の車線数を絞って、合流側の車線を増やすという、これまでの常識を覆す改善でした。

現在、茅ヶ崎方面から来る車は東名高速上下線から合流してくる車に比べて圧倒的に少なく、1車線に減少させても問題ありません。そのため、本線の1車線と合流側の2車線を合流させる形状にすることで、織り込みが非常にうまくいくようになったのです。

一般に、車線数Aの道と車線数Bの道を合流させる際に、渋滞を起こさないための合流先車線数Cには以下の関係があるといわれています。

C≧A＋B－1

今回の場合、改善前はAもBも2なので、合流先の車線数としては3（2＋2－1）車線以上が必要だったのです。それに対して改善後は、Aを1、Bを2とするので、合流先の必要車線数は2となって、海老名ジャンクションにおける渋滞が解消されました。

TOMEI MEISHIN 1-12

東名の車線を持っていっちゃった!? 小田原厚木道路計画の謎

東名高速「東京〜大井松田」間は交通量が多い地域のため、東名高速建設当初の計画1962（昭和37）年では6車線から4車線に変更になったものの、1995年（平成7）年に2車線を拡幅して現在の6車線になっています。では、なぜいったん4車線になってしまったのでしょうか。

2車線はどこへ消えた!?

東名高速は計画当時「東京〜松田（大井松田）」間を6車線で造る計画でした。しかし、1962（昭和37）年夏に小田原厚木道路の計画が浮上した後「東京〜厚木」間を6車線に、「厚木〜松田（大井松田）」間は4車線へ変更し「東京〜厚木」間を最重点区間として急速に計画を固め工事に着手することとなりました。

小田原厚木道路の計画が上がった当時、建設大臣の河野一郎氏が、自身の選挙区と自宅のある小田原市に東名高速の計画がないことに不満を抱き、小田原厚木道路の計画を持ちかけました。自身の選挙区である小田原市には、東名高速から松田（大井松田）ＩＣを降りて一般道路を経由しなければならず、それは遠回りであることを指摘しました。

そこで、偶然にも東名高速が「東京～松田」間を6車線で造る計画があったところに目をつけ、そのうちの2車線を小田原厚木道路へ通すことを強く主張しました。

彼はとても権力のある政治家でしたので、誰も反対意見を出すことができず、計画していた東名高速6車線のうち2車線を小田原厚木道路へ通すことが決定しました。

ところで、小田原厚木道路の経緯が記載されている文章や文献は「東名高速『東京～厚木』間を6車線に『厚木～松田（大井松田）』間は4車線に変更となった」という説明が『東名高速道路建設誌』で記載されている以外の手がかりがありませんでした。

しかし後に、当時日本道路公団で新潟建設局の局長だった武部健一氏が、この小田原厚木2車線計画の出来事を「記憶に残る事件」と自らの著書である『道路の日本史』に記述しており、ことの詳細が明らかになりました。

著書には「東名高速道路の計画6車線を厚木までで打ち切り、厚木・大井松田間は4車線に縮小して、その2車線分を直結の新路に持っていくという辻褄合わせの苦肉の策を考えて、実行した。それが有料道路の小田原厚木道路である。」としています。

TOMEI MEISHIN 1-13

大井松田～御殿場間に「右ルート」「左ルート」があるのはなぜ？

高速道路において、曲線半径（R）が750mを下回ると事故発生確率が途端に上がります。これについての詳細は「名神高速（名神高速の線形改良）」（130ページ）にて例を挙げて説明することにします。東名高速は先に完成していた名神高速のいい部分を生かし、日本の地形に沿った美しいクロソイド曲線を採用した高速道路として建設しました。

東名高速で最小の曲線半径カーブはR＝300で、大井松田ICから御殿場ICの区間の下り線、鮎沢《あゆさわ》PA付近にあります。この区間には他にもR＝310やR＝400といった曲線半径の厳しいカーブが連続しています。

また、東名高速の最大勾配は5・04％で、大井松田ICから御殿場ICの区間にある65キロポスト付近です。同様に菊川《きくがわ》IC周辺にも勾配が急な区間があります。しかしその中でも大井松田ICから御殿場ICの区間は急カーブと急勾配、二つの苦難が含まれているので注意して走行が必要な区間です。

下り線の右ルートはもともと上り線だった

東名高速最大の難関工事だった大井松田ICから御殿場ICの区間は、上り線2車線と下り線2車線の合計4車線区間でした。この区間は急坂と急カーブで線形が厳しく、規制速度が80km／hとなっているほか、大型車の通行も多く、気象条件も厳しい区間です。

また、年々増加する交通量に耐えられずに渋滞が頻発、車線数を増やさなければ交通量を捌くことはできないという結論になりました。高速道路の安全面と能率面を考慮した結果、この区間の6車線化が決定しました。

三つのトンネルと橋梁のうち、一番上にあるものが後から追加された上り線。真ん中は元々上り線だった現在の下り線です（右ルート）

路線選定をする中で、長大トンネルが多くならないこと、長い下り勾配が連続するため、線形を極力よくすること、現道に集落や鉄道、河川が近接しているため、それらからできる限り離すことなどが挙げられました。そこで考案されたのが、既にある上り線と下り線の合計4車線を下り線に転用し、新たに3車線の上り線を建設するという計画です。

これは当時の日本道路公団の人たちはすごい決断をし

たと筆者は考えます。なぜならこの大井松田ICから御殿場ICの区間は東名高速最後の開通区間であることからも伺い知ることができるとおり、山が多く谷が深く土質も悪いからです。そのような区間にもう一つ道路を通そうというのです。また、元々上り線を考慮して造った線形の道路を、下り線の線形に直すというのも困難だったと考えます。

この線形改良の中で考慮された点は非常時のことです。そのため、鮎沢《あゆざわ》PA付近の道路はできるだけ現道を接近させて、万一の時は上下線の道路が切り替えられるように配慮して造られました。

鮎沢PA上り線の新設

鮎沢PAは東名高速が建設された当時、上下線に一つずつありました。しかし、大井松田ICから御殿場ICの6車線化に伴い、上り線の駐車場を移設して、新たに造る道路と一緒に鮎沢PA上り線は移設改良が行われました。

さて、6車線化が完成した当初、鮎沢PAは上り線、下り線の右ルート、左ルートの3か所に存在していましたが、この先にある足柄SAの大規模拡張に伴い、現在は上り線と下り線左ルートの2か所になり、右ルートのパーキングエリアは閉鎖しました。パーキングエリアの跡地は資材置き場として有効活用しています。

TOMEI MEISHIN
1-14

足柄サービスエリアの「巨大モニュメント」に込められた、SA利用者への思い

御殿場ICのすぐ近くにある足柄SAは、広大な敷地面積を誇るサービスエリアで上下分離式になっています。東名高速開通時はトイレや売店などの建屋は独立型になっていましたが、利用者の動線を考慮して独立した建屋を屋根で繋げました。

サービスエリアは眺望のいい所を選んで造られることがありますが、足柄SAのように現存する樹木をそのまま残すことで、自然の雰囲気の中で落ち着いて休憩できるようにしているところもあります。

ところで、足柄SA上り線にある巨大なモニュメントは「何を意味しているのだろう?」と疑問に感じる人もいるのではないでしょうか。これは1995(平成7)年に池田政治氏のデザインした作品「モニュメント」です。大きさが異なる9基のモニュメントは、一番小さなものでも全長5m以上あります。

周囲が木々で囲まれているサービスエリアですが、建屋の前は何もない無機質な状態だ

ったため、この場所に周囲の木々を引き立たせるシンプルな人工物を設置しようということになりました。そこで最も単純な形状のモニュメントが造られました。9基のモニュメントは様々な方向を向いており、大きさも配置も違うことで有機的な空間を生み出しています。

空に向かって真っすぐ伸びる「モニュメント」

モニュメントの素材は鉄筋コンクリートで、底にはステンレス製の板があり、ベンチになっているので座ることができます。

モニュメントの内側は照明が組み込まれているため夜になると光り、運転者や歩行者の目印にもなる機能を持たせています。さらに、スピーカーも埋め込まれており、サービスエリアから流れる情報を聴くことができます。

このようにサービスエリアは周囲の環境や建屋だけではなく、それを取り囲む外構のデザインにも配慮し、利用者への気持ちを落ち着かせるという意味で様々な工夫を凝らしていることがわかります。

東名高速でもっとも標高が高いのは御殿場インターチェンジ付近

御殿場ICは、富士山麓と箱根という日本を代表する観光スポットの入口となっているだけでなく、インターチェンジを降りるとすぐ近くに御殿場プレミアムアウトレットもあり、さらに富士の裾野を通って山中湖や河口湖など富士五湖へのアクセスも可能です。

高速道路に限らずですが、道路を造る際にはその道路の必要性を評価するための経済調査、交通調査、自然現況調査などの各調査から始まって路線計画の策定に移り、路線案のなかで必要度の高いものから順次具体的な道路設計に着手します。

道路設計の段階で地形図を使って数本の比較線を用意します。その比較線からルートを決めるにあたり、地方計画や都市計画など行政的な観点からの社会性評価、走行性や建設の難易度や道路維持管理の比較などの技術的評価も選定の基準となります。

道路の線形を決めるには技術的または社会的な制約があります。たとえば、必ず通らなければならないポイントと、避けなければならないポイントです。この路線選定のことを

「コントロールポイント」といいます。コントロールポイントには、①山や河川、湖沼、軟弱地帯などの地形、地質条件や雪、霧などの気象条件、動物の生態系など自然環境に関係するもの　②都市、集落、建造物、学校、道路、鉄道など公共施設、文化財、文化施設など社会的環境に関係するものがあります。これらをどのように通過するか、またはどうやって避けるかで路線の大局が決まります。

御殿場地区では山や河川などの地質条件、雪や霧などの気象条件の関係で検討することがたくさんありました。御殿場ＩＣは東名高速の中では最も標高の高い場所にあるインターチェンジで、付近に「最高標高４５４ｍ」の標識が建てられており、積雪や霧が多く発生するのもこの地点です。それでも周辺（南北方面）では最も標高が低く、最も平坦で長大トンネルを必要としないことなどからこのルートが選定されました。

東名高速御殿場IC近にある「最高標高」の看板

実際に高速道路よりも勾配制限の厳しい鉄道においても、長大トンネル技術が発達してから造られた丹那《たんな》トンネルが完成するまでは、この御殿場周辺（現在のＪＲ御殿場線）を東海道本線として使用してきたことからもわかります。

TOMEI MEISHIN 1-16

改良されて姿は変わる！「片側集約式」「上下集約型」だった富士川サービスエリア

サービスエリアは景観のいい場所を選んで造ることはもちろんですが、インターチェンジの位置や交通量も考慮されており、東名高速ではおよそ50km間隔で設置されています。

富士川ＳＡは東京ＩＣを出発して、海老名ＳＡ、足柄ＳＡに続いて3番目に登場するサービスエリアです。東名高速開通時、上り線と下り線の商業施設が一つに集約された「上下集約型」のサービスエリアでした。特に下り線側からの富士山の眺めが素晴らしいため、下り線側の土地に上り線と下り線の駐車場を設置した「片側集約式」を採用しました。

しかし、高速道路を利用する車が増えた結果、上下線の駐車場が許容量を超えてしまい、いつ行っても混雑で駐車場に入ることが困難となりました。

そこで、富士川ＳＡを分離させることが決定し、２０００（平成12）年に上り線用のサービスエリアを上り線側に移設し、これまでになかった施設「ハイウェイオアシス（198ページ参照）」とともに、富士川ＳＡ上り線の施設整備をしました。

右：片側集約式だった1971年、左：改良後の2010年（地理院地図空中写真より）

　上り線にはサービスエリアの入口にガソリンスタンドがありますが、これは東名高速開通当初、ガソリンスタンドの位置を試験的に設置していた時の名残です。しかし今となってはスマートインターチェンジができたため、ここにガソリンスタンドがあることは都合がよくなりました。

　分離式サービスエリアとなった今、片側集約式の時に連絡道路として使われていた通路の一部をスマートインターチェンジの道路に転用しました。東名高速下り線方面に関しては富士川ＳＩＣ利用後もそのままサービスエリアに立ち寄れるので、全国で一番利用台数が多いスマートインターチェンジとなっています。

サービスエリアの入口にガソリンスタンドがあるのは珍しい（富士川SA上り線）

TOMEI MEISHIN
1-17

見えるか気になる、見えたら嬉しい！富士山絶景ポイントはここ

富士川SA上下線から眺める富士山

東名高速で富士山の絶景ポイントといえば、サービスエリアやパーキングエリアからの眺めです。中でも富士川ＳＡはサービスエリアの名前になるほど美しい富士山を眺められます。

東名高速が完成した当初、富士川ＳＡ下り線側からの眺めが特によかったため、サービスエリアの駐車場を片側集約式の上下集約型にしていました。富士山のカレンダーなどでよく登場する、富士山とその下を走る東名高速の写真は、富士川ＳＡ下り線から撮影できます。うまく行けば夜景の写真も狙うこともできます。

富士川ＳＡ上り線に併設している「富士川楽座」の3階にある展望室からの眺めはお勧めです。富士山の方角に向かってガラス張りの展望室になっているので、春夏秋冬富士山

の景色を眺められます。展望室は室内にあるので冬は暖かい場所で富士山を観賞できます。また、展望室は喫茶室にもなっているため、くつろぎながら存分に富士山を眺められる知る人ぞ知るスポットです。

ちょっと贅沢に富士山を見たい方に、富士川ＳＡ上り線に２０１７（平成29）年２月23日「富士山の日」に登場した大観覧車「フジスカイビュー」からの眺めもお勧めです。地上60ｍの場所から晴れた日は富士山を間近で見られるだけでなく、富士の裾野に広がる周辺の景色、遠くは伊豆半島や駿河湾の景色も眺められます。

富士川SA上り線の観覧車（フジスカイビュー）からの眺めも期待

足柄SA上り線の「デザート富士」

足柄SA上り線の「デザート富士」

足柄SA上り線からも富士山が見られます。ちょうどサービスエリアの向かいに富士山の姿が見られるのですが、晴れた日は写真のように、まるでサービスエリアが大きなお皿となっていて富士山がデザートにも見えます。筆者はこれを「デザート富士」と呼ぶことにしました。ぜひ足柄SA上り線からのデザート富士を狙ってみてください。

由比PAの「ゲート富士」

富士山が綺麗に眺められるパーキングエリアがあります。それは由比《ゆい》PAです。この区間は海に突出した高速道路区間で、東名高速上り線からは「右富士」を眺められます。ここにある由比PA上り線は展望台があって、そこから富士山を眺められます。小さなパーキングエリアですが、富士山の景色が眺められるポイントとして人気があります。

東名高速本線からはうまく行けば、写真のように由比PAの標識と一緒に富士山を収めることができます。筆者はこれを「ゲート富士」と呼んでいます。走行中はカメラを構えられないので、助手席からぜひこの瞬間を狙ってくださいね。

由比PA下り線はご来光と富士山が同時に眺められる素晴らしいスポットです。しかし、駐車スペースが少ないため、初日の出（1月1日）は午前0時から早朝7時まで駐車場が閉鎖されます。ご来光とともに富士山を眺めたいという方は、由比ＰＡ上り線から眺めることができますが、こちらも車を停められる台数が少なく混雑は避けられないので注意が必要です。

由比PA上り線の屋上展望台は可愛い桜エビのマークが目印

由比PA上り線の展望台より富士山

東名高速「ゲート富士」由比ＰＡの標識が上手く収まりました

東名高速上り線「右富士(冬)」。冬は特に空気がきれいなので富士山も一層綺麗に見えます

「右富士」と「左富士」

東名高速を東京方面へ向かうと、由比PAのあたりから、だんだん富士山が右へと移動していく様子がわかります。富士川SAに到着する手前では、富士山が右に行ったり左に行ったり忙しいですが、線形に変化があることを伺い知ることができます。この区間は道路の線形と富士山の両方を楽しめる東名で一番の富士山ビューポイントです。

「左富士」とは、江戸時代に江戸から京都へ向かう際、道の左に富士山が見えたことからの語源です。歌川広重の浮世絵、東海道五十三次に富士山が左側に描かれていますが、進行方向左手に富士山が見えることはとても珍しいことなのです。

TOMEI MEISHIN 1-18

海岸ギリギリを走る由比付近ここが海沿いを走ることになったワケ

東名高速で海岸に接しているのは、ここ由比《ゆい》地区だけです。しかし、もともとは内陸側を通す計画でした。

由比地区は古来より地すべりの頻発する場所で、記録が残っている江戸時代からだけでも26回、1974（昭和49）年まではおよそ5年に1回の頻度で災害がありました。これは、浜石岳から薩埵《さった》山にかけての庵原《いはら》山地と駿河湾が近接する傾斜地であり、さらに土質が軟質の泥岩であるため、大雨などで地下水位が上がると地盤下部で粘土化して地盤ごと傾斜をすべり落ちる、地すべりが発生しやすい地形だからです。

由比地区は山地が海岸付近まで張り出した傾斜地で、平地がほとんどありません。その少ない海岸沿いに国鉄（現在のＪＲ）東海道本線が明治時代に開通しました。また、駿河湾を介して外海と接しているためうねりが大きく、防潮堤が必須でした。１９７２（昭和47）年に東名高速とほぼ同時に建設された一般国道1号の富士由比バイパスは防潮堤外の

東名高速が国道1号とJR東海道本線を高架橋で跨いで薩埵トンネルに入っています

海岸線を埋め立てて建設されたため、現在でも一般国道1号とJR東海道本線の間には高さ2mを超える防潮堤が随所に残っています。

このように、平地の少ない由比地区には東名高速を建設する余地は全くありませんでした。実際に、東名高速の当初計画線は、連続トンネルで由比地区を内陸側に回避するものでした。これに対し、海岸を埋め立てて臨海区間とする由比比較線も検討されましたが、初期費用がかさむことから採用されませんでした。

地すべり災害の土砂処理問題

ところが、工事にかかる直前の1961（昭和36）年に由比町寺尾地区において大規模な地すべり災害が発生しました。この災害復旧でネックになったのが、約120万㎥（東京ドーム1杯分）もの膨大な量の土砂をどのように処理するかでした。

そこで、当初採用されなかった由比比較線「海岸埋め立てによる臨海区間」に計画を急きょ変更、大量の土砂を海岸線の埋め立て用土として使用することにしました。一般国道

1号の富士由比バイパスもこの時に着工しています。

また、薩埵山ふもとの区間は埋立てできないため、薩埵山にトンネルを通すことになりました。一般国道1号とJR東海道本線が内陸側にあり、薩埵高架橋で跨いで薩埵トンネルに接続しています。

そのため上り線（東京方面）に限り、薩埵トンネルを抜けると一面の太平洋、さらに天気がよければ富士山も一望することができます。気分は歌川広重の「東海道五十三次」の世界です。

自然災害をなくせ……地すべり対策事業

由比地区では1974（昭和49）年の地すべり以降は大きな災害が発生していませんが、東名高速、一般国道1号、JR東海道本線と日本の大動脈である交通網が集中していることから、ひとたび災害が発生すると東西の物流が寸断され、経済的損失は計り知れないものになります。

これを受けて、国土交通省は次の2方面からの地すべり防止対策を大々的に実施しています。

①抑制工…地下水を排水トンネルに集めて地下水位を下げ、地すべりの起点となる山頂付

近の土を取り除くことで、地すべりの可能性を下げる
②抑止工…泥岩層を杭打ちや土留めなどで固い岩盤と繋ぎ留めて地すべりを起こりにくくする

　中でも、直径4・5mの穴を深さ40～60mまで掘って鉄筋コンクリートの巨大な杭をその場で直接造る「シャフト工」は、最先端の工法で見た目も圧巻です。

　また、由比地すべり管理センターでは間隙水圧計、地中伸縮計などの自動観測センサーの各データを24時間体制で自動収集して、地すべりの予兆である観測データ異常が確認された場合には静岡県中部農林事務所から関係各機関に情報伝達されます。高速道路会社はこの情報を基に、場合によっては通行止めなどの処置を行うことができます。

　行政も含めた多くの方の協力により、高速道路の安全は保たれているのです。

年代別の由比地区の地すべりマップ

由比地すべり管理センター脇のシャフト工。中は見学ができます

TOMEI MEISHIN 1-19

いまは快適4車線だがかつてはボトルネックだった東名高速最長の日本坂トンネル

日本坂トンネルは静岡市と焼津市の間にある日本坂峠を貫くトンネルで、東名高速で最長です。東名高速開通時に2050mの下り線（2車線）、2010mの上り線（2車線）の2本のトンネルが造られましたが、通勤利用が多いことなどから慢性的な交通量過多となり、10km以上の渋滞が頻発するボトルネック区間でした。

これを緩和するため、1998（平成9）年に3車線幅の新トンネル（2555m）を下り線用に開通させて、従来の下り線用トンネルを上り線右ルート用に、上り線用を上り線左ルート用に転用しました。これにより上り4（2＋2）車線と下り3車線の合計7車線分の交通容量が確保され、トンネルを先頭とした渋滞はほぼ解消されました。

日本坂トンネル手前で「右ルート」「左ルート」に分かれます

ちなみに、この転用の際に、従来の日本坂トンネルとその静岡側約60mの場所にあった小坂トンネルを接合して一本のトンネルにしたので、長さがそれぞれ2370mと2380mになっています。

この新トンネル開通前、上り線右ルートになる前の当時下り線のトンネルにおいて、死者7名、自動車焼失173台という、日本の道路トンネル火災として最悪といわれる「日本坂トンネル事故」が発生しました。

未曾有のトンネル事故

1979（昭和54）年7月11日の夕方に、別の軽微な事故により発生していた渋滞の最後尾で、渋滞に気づくのが遅れたトラックが渋滞停車中の車列に追突したのを皮切りに次々と追突、トラック4台と乗用車2台の合計6台が関係する多重事故となりました。さらに、事故により漏出した燃料油に引火し、渋滞および事故で停車していた車に引火する大惨事になりました。

日本坂トンネルは長大トンネルのため当時としては最高水準の防災設備を備えており、日本道路公団静岡管理事務所は事故、火災の連絡を受けて事故監視カメラで火災を確認していました。直ちにトンネル入口にある情報板に「進入禁止火災」を表示するとともに、水噴霧装置を作動させて消火を開始しました。しかし、トラックの積荷が危険物（可燃性液体）であったことも災いし、火の勢いは全く衰えることなく拡大、気密性の高いトンネル内部は数千度まで上昇し、70m以上離れていたはずの後続車の車体の塗料が自然発火して延焼、ついには後続の167台も全焼することになってしまいました。うち80台ほどは、トンネル入口の「進入禁止火災」表示以降に進入していたことが、後の調査で判明しました。

火の勢いはすさまじく、30分もしないうちにケーブル断線やヒューズ切れなどによりトンネル内の照明が消えてしまい、天井板を支える鉄のアームが溶けて焼け落ち、消防の放水した水が熱湯の川のようになって足元を流れたとの証言（産経新聞）があるほどの地獄絵図が広がっていました。

火は火災発生から69時間後にようやく鎮火しましたが、事故及び火災により7名の尊い命が奪われたのです。

火災の影響と教訓

すでに日本の流通の大動脈となっていた東名高速は、この火災事故の影響で約1週間通行止めとなり、周辺の一般国道1号や一般国道150号、さらに当時全区間開通していなかった中央道は迂回する車両であふれ返りました。7月18日に上り線を利用した対面通行による仮復旧を行いましたが、事故調査とトンネル復旧作業を終えて完全復旧したのは、60日後の9月9日でした。

トンネル本体と保安防災施設の復旧のために要した費用は約34億円で、通行止めによる料金の減収は33億円と見積もられていますが、社会的な損失は計り知れないものでした。

この火災事故以降、トンネル火災の恐ろしさは広く知られるようになり、防災設備の大幅な改善が図られました。

日本坂トンネルの手前には信号機が設置されました

中でも、電源を喪失しても30分程度は点灯可能な電池内蔵型の非常口位置表示灯と非難誘導灯標識を設置することで避難時の暗闇を解消することは、この火災事故で全ての照明が消えてしまったことに対する一番の教訓です。また、現在では各地の長大トンネル手前にある信号機も、この事故を契機に取りつけられることになりました。

失敗は大きな痛手でしたが、得られた教訓を生かして行けば、より安全な高速道路が実現するのです。

TOMEI MEISHIN
1-20

重要休憩ポイントの牧之原サービスエリア その立地と景観の秘密

サービスエリアやパーキングエリアは景観を考慮して造られていますが、利用者が休憩するタイミングは特に考えられています。東名高速の牧之原《まきのはら》ＳＡもその一つです。周囲に茶畑が広がっており、緑の景色がとても美しく人気があります。

上下分離式のサービスエリアやパーキングエリアは本線を挟んで上下線のエリアが向かい合うように設置することがほとんどの中で、牧之原ＳＡは茶園に囲まれた雰囲気を出すために、上下線のエリアを数百ｍずらして設置しています。

牧之原ＳＡは東名高速で東京方面から来る人、名古屋方面から来る人にとって重要休憩ポイントとなっています。名古屋方面から来る人は浜名湖ＳＡに立ち寄る人もいますが、ちょっと頑張って次の牧之原ＳＡまで運転しようというドライバーもいます。

また、東名高速と名神高速が繋がったことによって深夜にトラックを運転する人が増え、牧之原ＳＡはトラックドライバーの利用者が増えました。そこでシャワー室を設置し、食

サービスエリアの中にもお茶畑があります（牧之原SA上り線）

黒枠が開通当初の牧之原SA（地理院地図空中写真より）

堂のメニューに変化を持たせてトラックドライバー向けのサービスを充実しました。

特に平日の夜はトラックドライバーで駐車場がいっぱいになり、駐車場で仮眠をとる人も増えました。利用者が増えたことも相まって駐車場の敷地を広くしてトラックドライバー用の駐車場と一般車用の駐車場とに分けました。

このような経緯もあり、一時はトラックドライバー御用達のサービスエリアとなっていましたが、サービスエリアの多様化や一般道路からも入ることのできる商業施設となってから、土日休日はファミリーで賑わうなどバラエティに富んだ客層となっています。

牧之原ＳＡと同様に上郷《かみごう》ＳＡも重要休憩ポイントの一つです。東名高速当初の計画では、上郷ＳＡの立地には何の特徴もないとされていましたが、次のサービスエリアである名神高速養老ＳＡと距離が離れていることから、上郷ＳＡは立ち寄りポイントとして重要な休憩施設になっています。

TOMEI MEISHIN
1-21

かわいくても道路上では出会いたくない！東名高速に登場する動物たち

高速道路を走行中に見かける標識はほとんど緑色の中で、黄色の警戒標識「動物注意」は逆に目立ってよくわかります。動物注意の標識はその付近における出没予想と出没実績から建てられています。

そこで、東名高速で登場する動物達はどんな種類がいるのかをマップにしてみました。登場する動物たちは次のとおりです。

・シカ
・サル
・ニホンカモシカ

ニホンカモシカはウシ科カモシカ属に分類される偶蹄目で、1934（昭和9）年に国の天然記念物に、1955（昭和30）年には特別天然記念物に指定されています。「ニホンカモシカのような動物が高速道路上に出てきたらどうすればいい？」と思うかも知れま

東名高速動物マップ

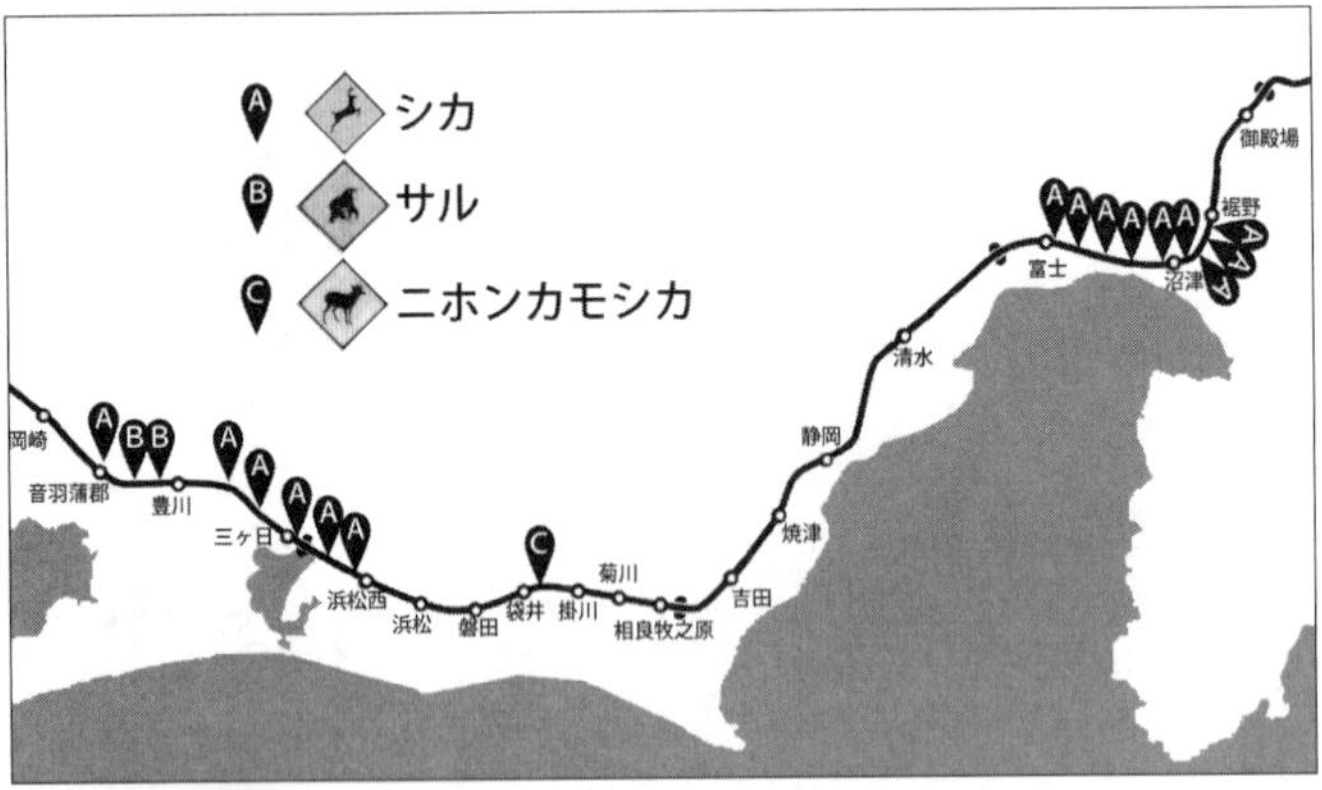

出没位置は標識の設置場所に基づいて調査しています

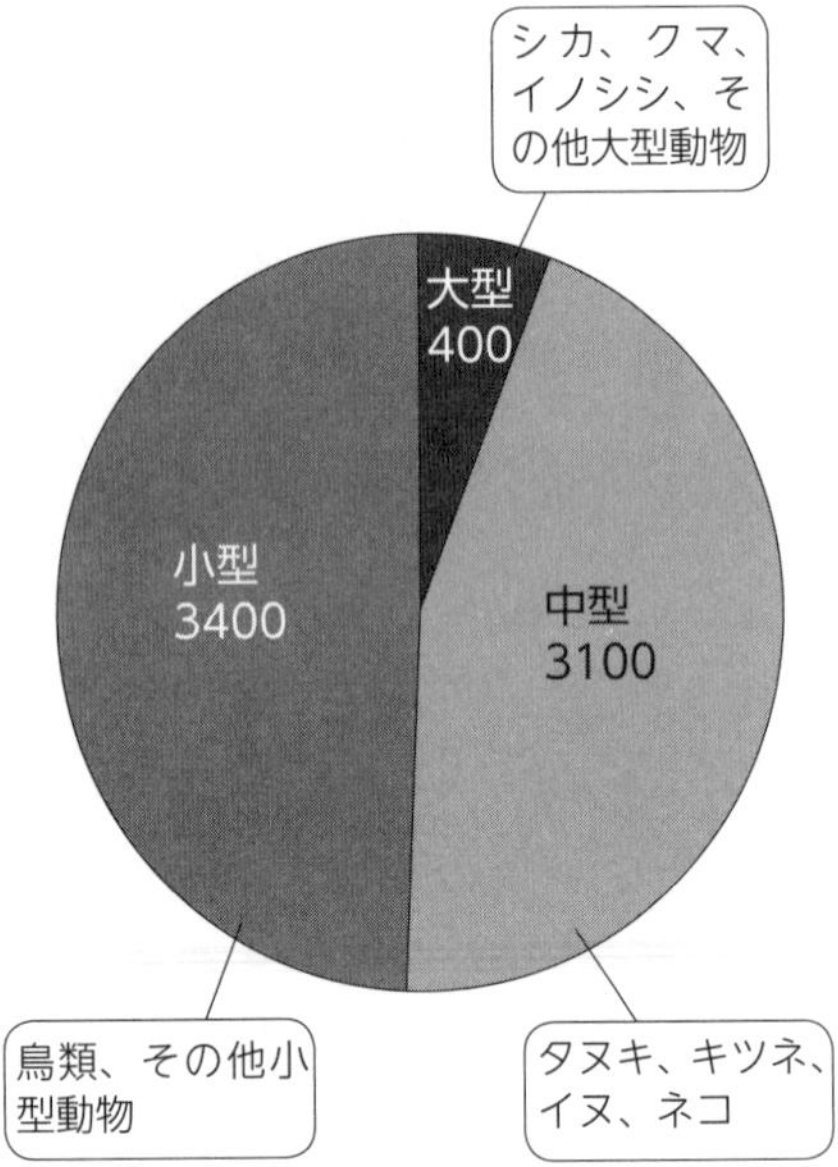

円グラフは2016（平成28）年度NEXCO中日本調査資料の棒グラフを元に作成

せんが、高速道路で動物が飛び出してきた場合、よほどの大型動物でない限り「ブレーキや急ハンドルで無理に避けようとすると、かえって別の事故を誘発しますので、基本的には轢《ひ》いてください」ということを、NEXCO中日本の交通安全セミナーで教えていただきました。とはいわれたものの、轢くのはとても複雑な気持ちになります。

道路上で登場する動物達の死亡事故を「ロードキル」といいます。NEXCO中日本管轄エリアでは2016（平成28）年度に6900件の動物出没（ロードキル）がありました。そのうちシカ、クマ、イノシシなどの大型動物が400件もあったというのですから驚きます。ちなみに、動物標識でよく見かけるタヌキ、キツネは中型動物に分類されます。小型動物にはカラスなどの鳥類が含まれます。カラスは堂々として高速道路に慣れている雰囲気ですが、中には不器用なのもいて路肩から本線へ出てしまったり、ランプウェイで轢かれてしまうようです。ちなみに新東名は圧倒的にシカが多く、一部区間でイノシシが出没します。

動物の死骸は落下物として処理されます。万一動物と衝突したら道路緊急ダイヤル#9910に連絡をしてください。

いずれにしても、動物さんたちには高速道路の本線に登場しないで欲しいものです。

地名の「揺れ」が悩ましい「みかたがはら」から「みかたはら」へ

東名高速開通当時の1969（昭和44）年「みかたがはらパーキングエリア」と呼んでいた三方原PAの読み方が、2017（平成29）年3月18日に併設されたスマートインターチェンジ「三方原SIC」の供用開始とともに「みかたはらパーキングエリア」へ変更されました。

静岡県浜松市の地名に「三方原（みからはら）町」があります。地元の人々はこの地名を「みかたがはら」「みかたばら」「みかたっぱら」といった具合に様々な読み方をしています。その結果、東名高速開通当時、パーキングエリアの名前に「みかたがはら」が採用されました。

後にスマートインターチェンジの開通が決まり、地元自治会の意見もあって、地名と標識の読み方を統一することになりました。浜松市とNEXCO中日本と合議の上、スマートインターチェンジの読み方は「みかたはら」になりました。その際に既存のパーキング

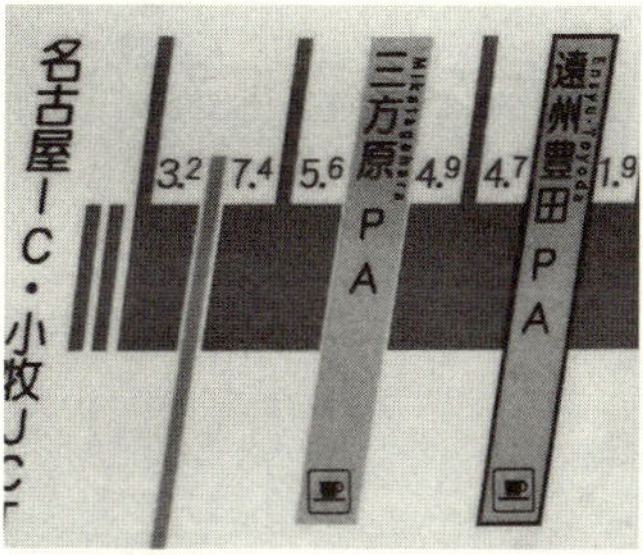

遠州豊田ＰＡに残る「Mikatagahara」の表記

三方原ＰＡ標識

三方原ＰＡ上り線

表記は「MIKATAHARA」に変更

エリアの名前も変更され、表記が「ＭＩＫＡＴＡＨＡＲＡ」になりました。

決定にあたり、何度も協議・検討を重ねているのでインターチェンジやＳＡ・ＰＡの名前が改変されるのは珍しいことなのです。

東名高速開通当時に「みかたがはら」の表記がされたことについて、１５７２（元亀３）年に武田信玄と徳川家康が戦った「三方ヶ原の戦い」が三方原近辺で起こったことから、歴史的に知名度が高いとしてつけられたのではないかと推測します。

TOMEI MEISHIN
↖ 1-23

初めて無料休憩施設が設置されたのは眺望のいい浜名湖サービスエリア

高速道路のサービスエリアやパーキングエリアが、上り線側または下り線側のいずれか片方に集約されていることを「片側集約式」といいます。東名高速では浜名湖SAがこれに該当しますが、特に眺望のよい下り線側の土地に、上り線と下り線の駐車場を設けて、売店などの施設を共用しています。これを「上下集約型」といいます。

浜名湖SAは、片側の土地に駐車場が集約された「片側集約式」で、上り線と下り線の商業施設が一つになった「上下集約型」のサービスエリアなのです。

浜名湖SAのような「上下集約型」のメリットは、商業施設の建設費や人件費などの効率化が挙げられますが、一方で立体交差の取りつけ道路が必要になるうえに、商業施設の巨大化や混雑などのデメリットが挙げられます。

東名高速で最も景観が良い「浜名湖サービスエリア」

東名高速のサービスエリアは、牧之原ＳＡや富士川ＳＡのように景観のよい場所を選んで設置されていますが、浜名湖ＳＡもその一つです。浜名湖の北側に突き出た半島に設けられているので、三方向を水に囲まれ、舘山寺の景色や本線の浜名湖橋を眺められるなど、東名高速随一といわれるほどに美しい景色をもったサービスエリアです。

また、サービスエリア内に植えられている樹木は、その土地の植生をあらかじめ調査したデータに基づき、最適なものが植えられています。たとえば浜名湖ＳＡは「くろまつ」「やまもも」「夏みかん」が植えられています。植物を観賞することは運転の疲れを癒す効果があるとされています。

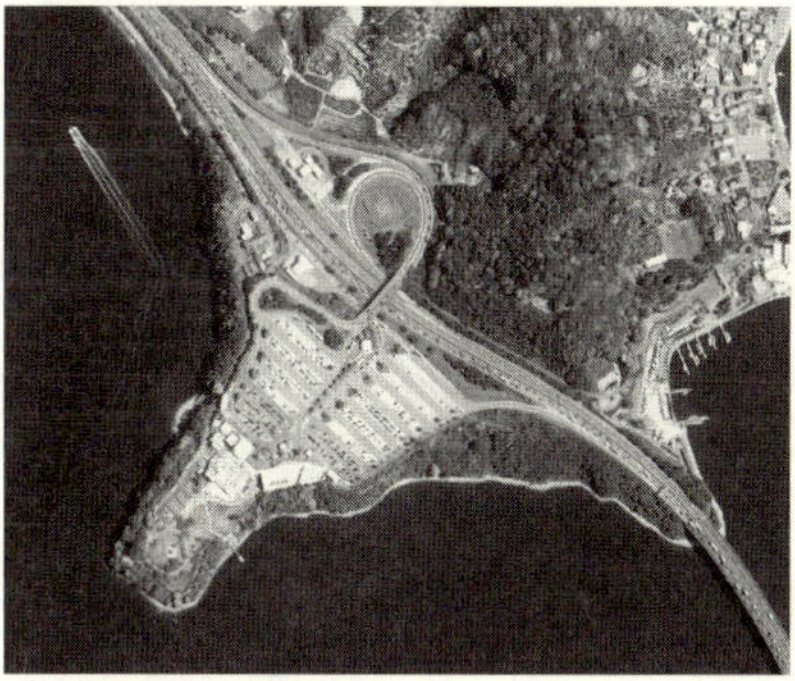
地理院地図空中写真（2015年）

さて、高速道路には無料でお茶が飲めるように給茶機を設置していますが、実は浜名湖ＳＡが最初です。１９６９（昭和44）年7月、長距離運転による肉体的・精神疲労が癒せる場所として、浜名湖ＳＡに無料の休憩施設が設置されました。それまでは食事をする人、お土産を購入する人が利用できるレストランや売店といった施設でしたが、無料の休憩所は初めてのことでした。

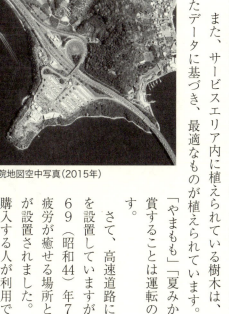

TOMEI MEISHIN
↖ 1-24

東名高速の発展に伴って消えゆく赤塚パーキングエリア

東名高速の宇利トンネルを抜けると愛知県へ突入します。最初に見えてくるパーキングエリアは新城《しんしろ》PAです。2016（平成28）年2月13日までは、新東名高速が豊田東JCTまで開通していなかったため、新東名高速の浜松いなさJCTを経て、東名高速の三ケ日JCTから東名高速本線へ合流する車の渋滞ポイントでした。

この渋滞ポイント付近にある新城PAは渋滞に疲れた多くの運転手が立ち寄るので、次のパーキングエリアを目指す車もいました。それが赤塚PAです。

赤塚パーキングエリア無人化へ

赤塚PAは東京方面から来る長距離ドライバーの癒し休憩施設で、看板メニューの「赤塚ラーメン」は、熱々のスープで提供されるのが美味いと評判で、他のパーキングエリアのテナントが真似したくなるほどでした。また、高速道路で初めて御幣餅《ごへいもち》を販売したパー

円形のトイレが特徴でした

かつてはとても賑わっていた赤塚PA下り線。名物は御幣餅

上郷SAのトイレは黒川紀章氏デザイン（東名高速建設誌より）

キングエリアとして有名でしたが、パーキングエリアの効率化に伴い２０１７（平成29）年8月31日をもって売店の営業を終了しました。

２０１８（平成30）年7月現在、リニューアルに向けて工事が行われており、仮設の休憩スペースと自動販売機を設置しています。今後は無人のパーキングエリアになり、ドライバーの小休止スポットとしての役割を果たします。

赤塚ＰＡは円形のトイレも特徴がありましたが、それらを撤去して新たに整備することになっています。同じく円形のトイレといえば以前、上郷ＳＡ上り線に鳥かごのような形のトイレがありました。このデザイン設計をしたのは建築家の黒川紀章氏です。

TOMEI MEISHIN
↖ 1-25

名古屋市に唯一存在するパーキングエリアは東名下り最後のＰＡ

東名高速の守山ＰＡは上下線ともに、名古屋市に存在する唯一のパーキングエリアです。守山ＰＡ下り線の建屋は丸みを帯びた緑色の外観、それはまるで春日井市の名産品であるサボテンのようで親しみが湧きます。

また、名古屋名物や春日井名物のほかに、パンをその場で焼いて販売しているので、できたての美味しいパンが食べられるパーキングエリアとしてもポイントが高いです。

東名高速下り線では最後のパーキングエリアとなり、ここから先は名神高速と中央道に分岐するので、平日は外回りの営業の方や、トラックドライバーの利用も多く、休日は家族連れで賑わうパーキングエリアです。

この守山ＰＡに２０１８（平成30）年3月24日、スマート

サボテンをイメージし丸みを帯びた外観が目印（守山PA下り線）

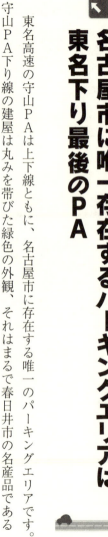

インターチェンジが開通しました。守山ＳＩＣ計画は２００９（平成21）年からあったので、実現に10年近くの歳月がかかったことになります。

全国的に名古屋市は観光として訪れるには見どころが少ないというイメージを持たれているようですが、周辺の高速道路や道路網が発達しているため、通過点として利用するドライバーが多いことから、わざわざ立ち寄ることが難しいためと考えています。

しかし、新しく誕生した守山ＳＩＣからは、名古屋北部へのアクセス向上、近隣の「志《し》段《だ》味《み》古墳群」や「東谷山《とうごくさん》フルーツパーク」などへ向かう所要時間の短縮、名古屋市内に在住している人も観光地へ容易にアクセスできることや、地域の魅力向上によって知名度が上がるなど、今後は観光客の増加が期待できます。

ちょっと小腹が空いたときにパン屋さんがあると嬉しい

守山PA付近にある特別なキロポストの謎

東名高速に設置されているキロポストは従来の横長のプレートと、ここ数年で新たに加わったＮＥＸＣＯ中日本ロゴの入った縦長のプレートの両方を見ることができます。この縦長プレートのキロポストは10㎞刻みに設置されています。なので、下一桁は0となっています。

　東名高速の「１１１キロポスト」と「２２２キロポスト」は通常の横長タイプのキロポストであるのに対して、守山ＰＡ付近にある「３３３キロポスト」は、縦長タイプのＮＥＸＣＯ中日本ロゴが入っているのです。もしロゴ入りの縦長キロポストを建てるとしたら、東名高速と名神高速の境界部分、あるいは中央道と接続の小牧ＪＣＴ付近に建てる気もしますがそうでないのです。

　このことについて、単純に「３３３」というキリのいい数字だったからと考察してみましたが、１１１キロポストも、２２２キロポストも横長のタイプであることから、２０１８（平成30）年7月現時点では辻褄が合いません。

　そこで、ＮＥＸＣＯ中日本名古屋支社の担当者に伺ったのですが、当時の設計者がいないことや歴史について詳しい人がいないことから、詳細な回答をいただくことができませんでした。

　東名高速３３３キロポストは謎のまま迷宮入りです。

守山PA付近にある333キロポスト（上り線）

第2章

日本初の都市間高速道路！

名神高速道路の不思議と謎

TOMEI MEISHIN 2-01

東名高速と連続する名神高速「名神高速ここから」始まります

東名高速は小牧ＩＣまでとなっていて、そこから先は名神高速となります。小牧ＩＣの出口と入口の間が東名高速と名神高速の境界線のため、インターチェンジ上に「名神ここから」の看板が建てられています。さらに進んで小牧ＩＣ入口からの合流後、しばらくすると標識柱に「ＡＨ１」の標識が見えてきます。これは「アジアハイウェイ1号線」を表すものです。

名神高速は１９６３（昭和38）年に「栗東〜尼崎」間71㎞が開通したのを皮切りに、１９６５（昭和40）年の「小牧〜一宮」間８・３㎞の供用開始により小牧から西宮までの全線１８９・６㎞が開通しました。

この時点では名神高速と東名高速は接続されておらず、１９６８（昭和43）年に東名高速「岡崎〜小牧」間の供用開始と共に東名高速と接続、１９６９（昭和44）年の東名高速全区間開通をもって、東京から西宮までの５３６㎞の高速道路が完成しました。

小牧ICの先にアジアハイウェイの証「AH1」の標識がある

アジアハイウェイ・プロジェクトはパンアメリカン・ハイウェイやヨーロッパ・ハイウェイのような国際道路網をアジアにも完成させたいという国連の構想からスタートしたもので、日本は2003（平成15）年に参加表明し、日本の高速道路のうち1108㎞がアジアハイウェイ1号線に新規編入されました。

日本の起点は日本国道路元標のある日本橋直上の首都高速からで、東名高速、名神高速、中国道、山陽道、関門道、九州道、福岡高速と繋ぎ、最後は一般道路で博多港国際ターミナルに到着します。ここからフェリーで韓国に渡り、北朝鮮、中国から東南アジア各国（ベトナム、カンボジア、タ

AH1の起点は日本国道路元標と同じ日本橋にあります（首都高速）

イ、ミャンマー）を通り、バングラディシュ、インド、パキスタン、アフガニスタン、イランを経由して最終的にトルコまでつながっています。その距離は総計２万３２２kmにも及びます。

ＡＨ１の標識は路線が変わるたびに設置されていて、日本には上り線と下り線に合わせて現在18枚あります。

キロポストは通算される

路線として東名高速と名神高速は別物ですが、キロポストの数字は東名高速から継続となり、３４６・７km以降の距離をそのまま引き継ぎます。また、インターチェンジ番号も東名高速完成とともに通し番号になり、小牧ＩＣの24番から西宮ＩＣの38番までとなりました。

ところが、名神高速開通時はキロポストもインターチェンジ番号も全く逆でした。具体的には、終点側である西宮ＩＣが０㎞で、インターチェンジ番号１番となり、小牧ＩＣが14番でした。しかし東名高速と接続した際にキロポスト逆転現象は解消されました。

名神高速開通当初のキロポストは、１㎞ごとのものは金属板で現在とほぼ同様ですが、１００ｍごとのものはなんと木製でした。もしかしたら、東名高速接続後にキロポスト表示を更新することが決まっていたため、安く仕上げたのかもしれません。

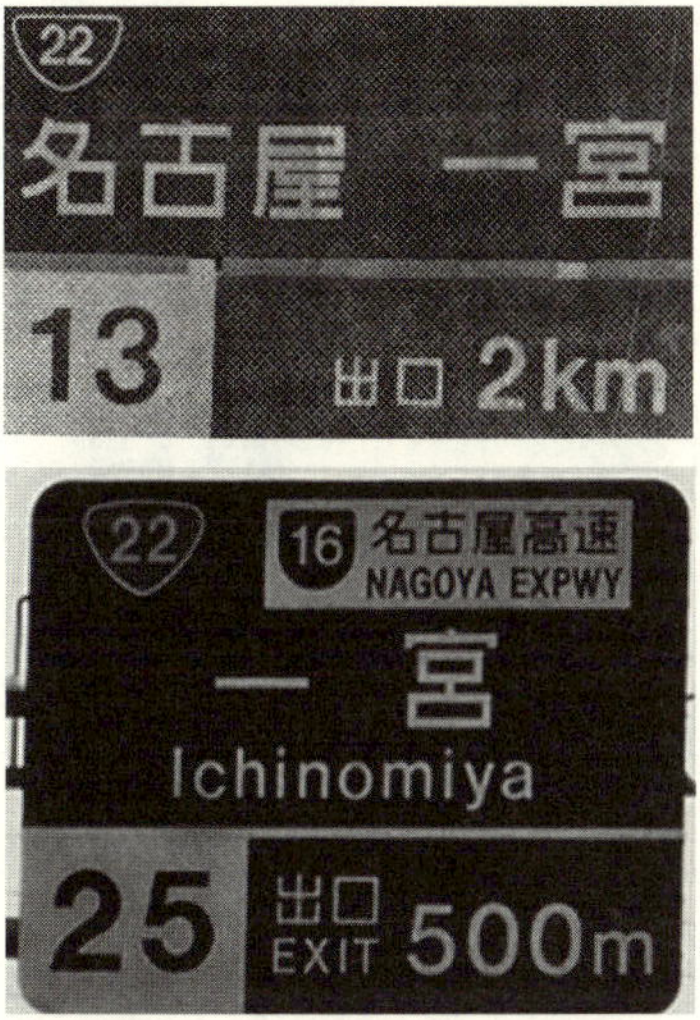

建設当時(上)と現在(下)の一宮IC標識でインターチェンジ番号が違います(上：名神高速総論より)

それでは、新東名高速がどうなっているかといえば、キロポスト上の起点は圏央道と接続する海老名南ＪＣＴです。路線としての第二東海自動車道の起点は東京都になっていますが、東京から海老名南ＪＣＴまでの区間について当面事業化の見込みが立っていないため、このような処置になっています。

TOMEI MEISHIN 2-02

非常電話が「なかった」名神高速開通当時のエピソード

名神高速の開通時の1963（昭和38）年は、非常電話がありませんでした。それはアメリカのターンパイクにならって、パトロール方式を採用していたからです。公団独自の交通管理隊と、警察組織のハイウェイパトロール隊が置かれました。そのため、故障や事故が起こった時はすぐに対応することができず、公団または警察のハイウェイパトロール隊の巡回の発見、他のドライバーから料金所への通達が主流でした。

それでも公団の交通管理隊は担当区域を1日に13回程度の巡回、警察のハイウェイパトロール隊は1日に8回程度の巡回をしていましたので、事故や故障車が発生した時に現場へ向かうまでの所要時間はおよそ「10～15分」でした。

路肩停車から逆走まで「なんでもあり」だった名神高速

名神高速開通時は車の性能が高速道路に追いついておらず、本線でオーバーヒートの車が続出しました。そのため、サービスエリアにはガソリンスタンドとは別に自動車会社による自動車修理所がありました。車の故障はオーバーヒートに続いてタイヤのパンクが多く、燃料やオイル、水切れといった順番に、車の点検や整備をせずに高速道路に乗るドライバーも目立ちました。最も多かった事故はタイヤのバーストによる横転事故でした。

非常電話がなかったので、交通管理隊は１日８回程度の巡回をしていました（日本道路公団30年史より）

当時の高速道路は自由な雰囲気だったため、路肩で駐車して本線を見物する車や逆走も目立ち、今では大事故に繋がる行動が多発していました。そのなかで多かった違反は「無免許運転」「速度違反」でした。当時の高速道路は車も少なく、運転の練習には適していると思った人が多かったのです。速度違反については、スピードの出し過ぎではなく、速度が遅すぎることによる違反です。ゆっくり走ることが違反だと知らない人が多く存在しました。

TOMEI MEISHIN 2-03

開通が古い名神高速はカーブもキツかった「線形改良」が進められて安全も向上

名神高速はドイツから招いた線形についての専門家、クサヘル・ドルシュ氏からクロソイド曲線の技術を教わり設計した道路です。クロソイド曲線を日本で最初に導入したのは、実は高速道路ではなくて国道でした。ドルシュ氏から教わる前に、日本では「緩和曲線」という名前で一般国道17号にある群馬・新潟県境の三国峠で導入していました。

名神高速は自然を壊さず景観に溶け込んだ道路を造ることを念頭に置かれていたので、完成した高速道路は見事に自然と調和していました。ところが、蓋を開けてみると、ある区間で事故が頻発したのです。

それが関ケ原の今須《います》地区です。ここの付近にある「松尾山」にトンネルを通す計画があったのですが、設計者のドルシュ氏はドライバーが不快に思うということでトンネルを造りませんでした。その代わり松尾山の山裾を這うようにして道路を造ることにしました。

曲がり切れなかったカーブ

カーブは曲線半径（Ｒ）が小さくなるほど事故が多くなり、曲線半径が３００ｍ以下では通常の４倍に事故率が跳ね上がるといわれています。そして、ここ今須のカーブは曲線半径２６０ｍとさらに小さいものでした。

名神高速を米原《まいばら》方面から来る上り線は、米原トンネルを出た直後が１・５％から１・７％の比較的緩やかな下り坂となっているのですが、油断していると車のスピードが上がり、スピードが上がった状態で曲線半径２６０ｍのカーブに突入してカーブを曲がりきれないという事故が起きました。

一方、名神高速を関ケ原方面から来る下り線においては、４・５％の急な下り勾配の前に屈曲部を造ることによってスピードを出しにくいよ

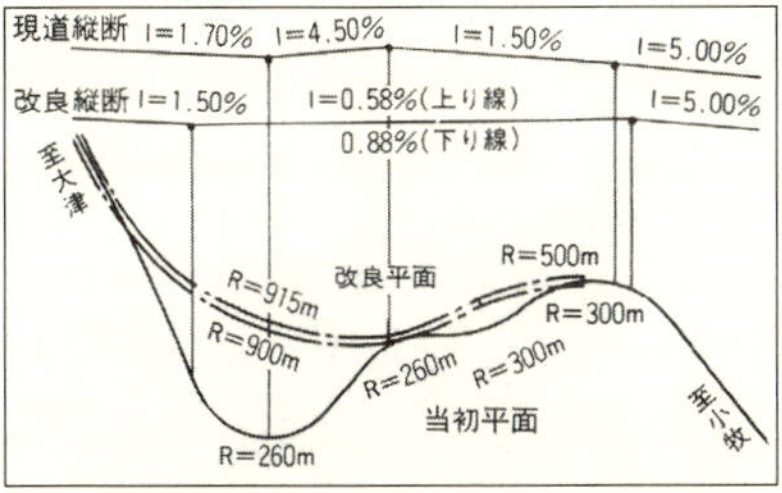

名神高速今須地区の線形比較図（日本道路公団30年史より）

名神高速開通当初にはなかった今須トンネル

上り線側から見た今須トンネル。緩やかなカーブに改良されています

今須トンネルをを抜けた先、左側に残る線形改良前の跡

うに設計されていました。ところが、スピードが出ないため、遅い車を追い越し車線から速度を上げて追い越した車が、この先の曲線半径260mカーブを曲がりきれず事故になることがたびたび発生しました。

また、関ケ原の地は冬になると雪が降り、路面が凍ることがありました。日本は高速道路の雪道走行に慣れておらず、当時は「急カーブ速度落とせ」の標識を見たら速度を落とすという運転手の認識もありませんでした。こういった経緯から、今須トンネルと長大橋1橋によって2・5㎞の緩やかなカーブ（R＝900m）に線形を改良しました。

後に、この名神開通当時に造られた今須地区の線形を道路マニアの間では「今須カーブ」として呼ぶようになり、高速道路跡地として度々話題になります。名神高速が開通して50年以上が経過した今でもその痕跡が残っているからです。路面部分は周囲に樹木が生え、この後も自然に還っていくことになります。

TOMEI MEISHIN
2-04

入ろうとするとフェイントかけられる!? 伊吹PAの標識には、気づきにくい細かな違いあり

名神高速開通当初、伊吹《いぶき》ＰＡは上り線のみにありました。それも駐車台数わずか7台の小規模なパーキングエリアでした。

同じく片側のみに存在していた番場《ばんば》ＰＡ下り線は、北陸道方面へ繋がる米原《まいはら》ＪＣＴの建設によって廃止されたため、伊吹ＰＡ下り線が新たに１９７５（昭和50）年に供用開始となりました。

番場ＰＡ下り線はこの付近に寺院が多いことから設置されたパーキングエリアで、主にバスが停まる場所として確保していた土地でした。

この頃、元々手狭だった伊吹ＰＡ上り線は移設計画があり、１９８６（昭和61）年12月に当初の位置より数百ｍ先に移設、これまでの規模をはるかに上回る広さで供用開始となりました。旧伊吹ＰＡ上り線は現在、関係者以外立ち入り禁止となっていますが、この先の伊吹ＰＡ上り線を案内する標識が旧伊吹ＰＡ手前にあることや、ちょうど登坂車線の車

線変更部となっているため「旧伊吹ＰＡ＝現伊吹ＰＡ」と混同して進入してしまいそうになる車を目にします。

伊吹ＰＡは標識の並びが独特で、上下線とも１km手前の標識と、通常の伊吹ＰＡ標識とは記号の並びが異なります。標識の記号相違は名神高速のパーキングエリアでは伊吹ＰＡのみです。

伊吹PAの1km手前にある標識(上り線)なんとなく違和感を覚えます

左に見えるのが旧伊吹PA。登坂車線を走っている車が時々間違えそうになっています

伊吹ＰＡ直前にある標識です。先ほどの標識とは「カップ」と「ｉ」の記号が逆！

TOMEI MEISHIN 2-05

ハイウェイの美学「自然との調和」滋賀県の西明寺参道橋が守った景観

西明寺《さいみょうじ》は滋賀県犬上郡甲良町《いぬがみぐんこうらちょう》にある天台宗《てんだいしゅう》の寺院で、平安時代の834（承和元）年に仁明天皇《にんみょう》の勅願により三修上人《さんしゅう》が創建したと伝えられており、金剛輪寺《こんごうりんじ》、百済寺《ひゃくさいじ》と合わせて湖東三山《ことうさんざん》といわれています。「西を明るく照らす」という意味で西明寺です。

戦国時代に織田信長が延暦寺《えんりゃくじ》を焼き討ちしたときに西明寺も焼き討ちし、境内の大半は消失したと伝えられていますが、本堂と三重塔、仁王門が火難を免れ現存しています。本堂と三重塔は鎌倉時代に建立されたもので、釘を一本も使わない純和様建築、屋根は檜皮《ひわだ》葺《ぶき》で檜《ひのき》の樹皮を用いて施工する日本独自の屋根方法です。

建造物の保存状態がよいことから、本堂、三重塔は合わせて国宝に指定されています。鎌倉時代に焼失した一部を後の江戸時代になって望月友閑《ゆうかん》が再建しました。

本堂には本尊薬師如来立像が安置されていますが、秘仏のため姿を拝見することはできません。本尊薬師如来の周囲を守るようにして、日光・月光二菩薩が立っており、さらに干支の神様の十二神将立像が建っています。

十二神将立像は参拝に来られた人の願いを預かって、薬師如来に伝えるとされており、願い事を自分の干支の神様に託すことで願いが叶うといい、干支寺とも呼ばれています。

境内には県の指定天然記念物の不断桜が植えられており、春と秋そして冬に花が咲きます。極楽浄土を表した庭園には１０００本を超える楓が植えられていることから紅葉の名所として知られています。

西明寺参道橋

名神高速計画路線に西明寺の参道が入っていました。しかし、初代日本道路公団総裁の岸道三氏が、西明寺境内の景観を損なわないように道路構造を工夫するよう指示をしたため、道路の高さを調整して名神高速本線が西明寺参道の下をくぐるように工事を進めました。

西明寺側も参道の一部を上げることになりましたが、工事は当時の日本道路公団が全て負担するということで寺院側と交渉成立しました。工事の際に西明寺の参道に敷き詰められていた石垣は一度全て取り除きましたが、ほぼ完全に元通りに並べており、全く違和感がなく素晴らしい石垣の参道となっています。

西明寺参道の下を名神高速が通る。石垣は工事の際に一度取り除きましたがほぼ元通りにしています

西明寺の敷地にある「日本道路公団」の杭。多数点在しています

西明寺を訪れる人が参道の下に高速道路が通っていることに気づくことなく渡れるようにと当時の日本道路公団技術者が景観に配慮し、名神高速本線においても西明寺参道の存在を気づくことなく通過するよう景観に馴染ませています。

岸道三氏は「歴史環境や自然環境を残すことは国土造形の責任者としての道路建設者が認識されねばなるまい」としており、彼が道路と自然との調和をいかに大事にしていたかを伺い知ることができます。

西明寺の参道は「西明寺トンネル」と誤解されますがトンネルではありません。高速道路が参道の下をくぐる跨道橋です。そのため、長さを示す標識は設置していません。

TOMEI MEISHIN
2-06

紆余曲折を経て今の形になった多賀サービスエリアの計画と現在

名神高速の多賀ＳＡレストハウスは丹下健三《たんげけんぞう》氏が設計しました。多賀ＳＡ周辺は敏満寺《びんまんじ》遺跡の国有地で、敷地面積に余裕があったことからサービスエリア敷地全体のレイアウトを任せました。そこで提出された案はオーバーブリッジ形レストランのレイアウト案でした。

このオーバーブリッジ形レストラン案はサービスエリアを作る上でたびたび登場しますが、高速道路の上空に橋をかけてその上にレストランを作り、上下線のどちら側のエリアにもアプローチできることや眺望を期待できる仕様です。また、本線を走る車にとってランドマークにもなります。しかし、この時の法律では道路の上空に建築物を建てることは許されず、採用されませんでした。最終的に三角形を基調としたレイアウトとオーバーブリッジで上下線を行き来できる案になりました。

当初は上下線にレストハウスを作ることになっていましたが、名神高速が全区間開通し

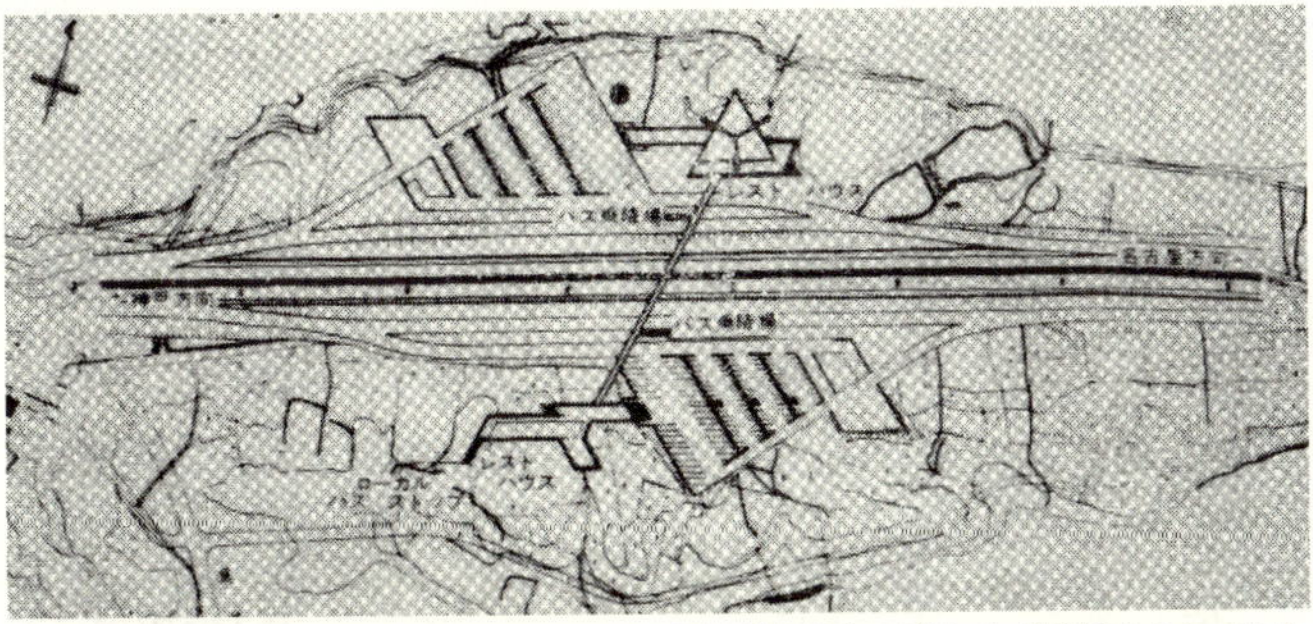

丹下健三氏の出した多賀SAのレイアウト案（名神高速道路建設誌各論より）

多賀ＳＡ上り線に造られたレストハウス。トイレは半地下室（名鉄レストランパンフレットより）

てみると、レストハウスに関しては大津ＳＡ以外どこも未完成の状態で、多賀ＳＡに駐車場と地形上の制約から半地下室のトイレがあるだけでした。その後まもなくガソリンスタンドと自動車修理所ができましたが、オーバーブリッジは生かされていませんでした。

名神高速利用者のサービスエリア立ち寄り目的を調査した結果、レストハウスの完備を望む声が上がったため、１９６６（昭和41）年4月、上り線にレストハウスが造られました。これにより下り線利用者がレストハウスを利用するためにオーバーブリッジを使用する機会が増え、さらに15年経ってから、レストイン多賀（宿泊施設）への連絡通路としてオーバーブリッジは活用されることとなりました。

TOMEI MEISHIN
2-07

パーキングエリアも改称することがある！「秦荘PA」から「湖東三山PA」へ

2013（平成25）年10月21日、名神高速では初のスマートインターチェンジとなった湖東三山ＳＩＣの開通とともに、秦荘《はたしょう》ＰＡは湖東三山ＰＡへ名前を変更しました。

変更の理由は、秦荘の地名がわかりにくく、湖東三山の地名が景色のいいイメージや印象を与えることからです。湖東三山ＰＡの付近は民家が少なく周辺の環境は田園地帯で遮音壁もないため、カーブの線形とともに美しい景色が眺められる区間となっています。

湖東三山ＰＡの建屋は至ってシンプル（湖東三山PA上り線）

サービスエリアやパーキングエリアの名前は設置される場所に馴染みのある地名や歴史のある名前がつけられるため、必ずしも地名と名前が一致するとは限りません。たとえば、北陸道の「有磯海《ありそうみ》ＳＡ」がそれに該当します。

「有磯海」は和歌に出てくる歌枕で、地名としては存在しません。歌枕は実在する風景が詠まれることもありますが、地名の持つイメージで詠まれることがあり、大伴家持や松尾芭蕉が「有磯海」をイメージして詠んだ句があります。

このように実在しない地名でも、知名度が高ければサービスエリアやパーキングエリアの名前に採用されることがあります。

北陸道有磯海SAにある松尾芭蕉の碑には有磯海を詠んだ句が刻まれています

名神高速のスマートインターチェンジ

名神高速で初めて開通したスマートインターチェンジは湖東三山ＳＩＣですが、その２か月後に同じく名神高速で蒲生《がもう》ＳＩＣが供用開始されました。二つのスマートインターチェンジは２００９（平成21）年に滋賀県が実施計画書を事業主体であるＮＥＸＣＯ中日本とＮＥＸＣＯ西日本に提出しました。

湖東三山ＳＩＣはパーキングエリア併設型ですが、蒲生ＳＩＣは高速道路本線直結型となっています。

TOMEI MEISHIN
2-08

中日本と西日本の境界線は滋賀県にあった!?

NEXCO中日本と西日本の境界線は名神高速の八日市《ようかいち》ICです。NEXCO中日本は八日市ICを含めたエリアの管轄、NEXCO西日本は八日市ICを含めないエリアの管轄といった具合に境界線があります。

このように管轄エリアはわかれているのですが、そうなると「境界線上にある道路の巡回や点検はどのように行っているの?」という疑問が生まれます。当然のことながら、インターチェンジやランプウェイもそれぞれが担当するエリアの管轄に含まれているので、その場所も巡回と点検を行わなければなりません。

しかし、降りるところが境界線上にはないため、NEXCO中日本のパトロールカーはNEXCO西日本エリアに入り込んで次のインターチェンジで降りる方式をとっています。ちょうど第1章「東名高速と首都高速の境界線はどこにある?」にもありましたように、NEXCO中日本と西日本の両社で協定を結び、相手のエリアに入り込んで巡回を行う

「追い込み方式」をとっています。

　これについてはＮＥＸＣＯ西日本も同様で、管轄エリアとしては八日市ＩＣを含んでいませんが、巡回の際には境界線を越えてＮＥＸＣＯ中日本エリアの八日市ＩＣで降りる方式です。

　車線規制を行う工事も同様に、ＮＥＸＣＯ中日本の作業車がＮＥＸＣＯ西日本エリアに入り込んでいるレアな様子を目撃することができます。

そういった様子が見られるのも高速道路を楽しむ醍醐味の一つと筆者は考えます。

NEXCO西日本エリアの名神高速の黒丸PA上り線で、
車線規制の表示をするNEXCO中日本の作業車

境界線上にあるNEXCO中日本のキロポストは
10km刻みに登場する縦長の大きなもの

TOMEI MEISHIN
2-09

かつてあったサービスエリアのスパナマーク
名神高速「大津サービスエリア」の長～い歴史

日本で最初にできたサービスエリアは、名神高速にある大津ＳＡです。開業当初の１９６３（昭和38）年7月16日は、ガソリンスタンドやレストランはなく、駐車場とトイレのみでした。サービスエリア開業から２か月後の９月16日にガソリンスタンドが、10月１日にレストランがオープンしました。

高速道路が日本で初めて開通するとともに、サービスエリアの誕生も初めてだったため、大津ＳＡに参入したい業者がこぞって競争入札をした結果、業者選定に時間がかかりました。

大津ＳＡの設計は建築家の村野藤吾氏です。建物は全面ガラス張りで琵琶湖の眺望を考えて造られました。

大津サービスエリア営業当時のレストランメニュー

喫茶品目として、コーヒー・紅茶60円、ミルク50円、クリームソーダ100円の他20種類のメニューがありました。また、料理品目としては、カレーライス130円、スパゲッティーミートソース180円、ハンバーグステーキ250円、エビフライ300円、ビーフシチュー450円、お子様ランチ200円など、52種類のメニューがあり、喫茶品目と料理品目のメニューは合計で72種類とレスランメニューのバラエティに富んでいました。

しかし、カレーライスが130円に対してお子様ランチは200円だったので、当時のサービスエリアのメニューは高いというイメージはあったかもしれません。それでもレストランは連日大賑わいで、高速道路は常に車と人で溢れかえっていました。

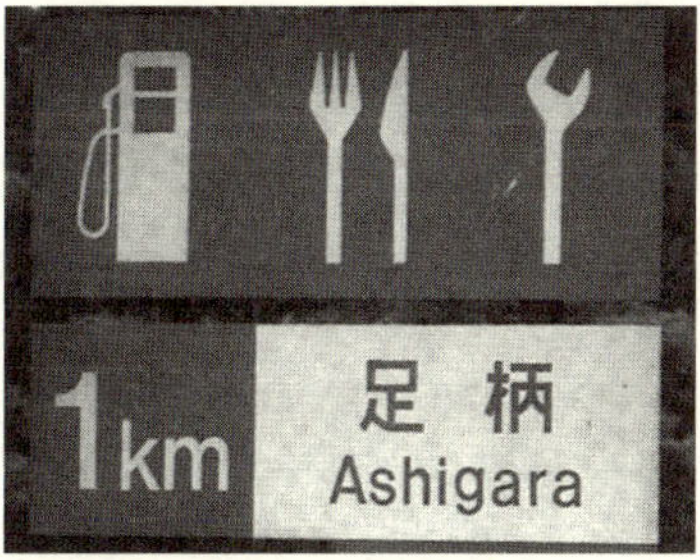

スパナマークは自動車修理所が撤退してからもありました（日本道路公団30年史より、足柄SA）

サービスエリアの標識にあったスパナマーク

名神高速が開通した当時は、車の性能が高速道路に対応しておらず、オーバーヒートを起こす車や、ガソリン切れになる車、バッテリー上がりになる車が続出したため、サービスエリアに車の整備のできる自動車修理所を設置することになりました。それを表すものとして、サービスエリ

自動車修理所一覧

	上り線	下り線
養老SA	いすゞ自動車株式会社	プリンス自動車販売株式会社
多賀SA	いすゞ自動車株式会社	プリンス自動車販売株式会社
大津SA	日産自動車株式会社	トヨタ自動車販売株式会社
吹田SA	日産自動車株式会社	トヨタ自動車販売株式会社

アの標識には「スパナマーク」がありました。

自動車修理所は、ガソリンスタンドやレストランと違って参入したいという業者は現れず、競争入札ができなかったため、大津SAでは上り線を日産自動車株式会社、下り線をトヨタ自動車販売株式会社が随意契約で決まりました。

「4社の自動車メーカー」が参入

名神高速には大津SAの他に、吹田SA、多賀SA、養老SAの合計4か所（上下線で8か所）のサービスエリアがあります。大津SAと同様に自動車メーカーによる自動車修理所がありました。

大津SA上下線の自動車修理所は、ガソリンスタンドと同じ時期に営業を開始しました。しかし、自動車修理所は、多額の投資（装備つきサービスカー・レッカー・修理用機械）および経費（人件費・自家用車燃料）が必要なことに反し、売り上げ件数は少なかったことや、沿線の同業者とバランスなど採算が取れないことから、サービスエリアの自動車修理所は「採算性の不利を克服する企業であること」「資力を十分に有する企業であること」これら二つの条件をクリアしていることが必要とされ、選ばれたのが4社の自動車メーカーでした。

自動車修理所は不利な条件にも関わらず、企業ポリシーとプライドでサービスエリアの自動車修理所を受け持っていたことは、各自動車会社の企業努力があってなのです。

その後、自動車の性能が上がったことにより、自動車修理所を利用する人が少なくなったこと、自動車故障数は交通量に従って増加はあったものの、故障発生件数は、横ばいまたは低下したことから、自動車修理所は姿を消しましたが、標識のスパナマークは消されずに残りました。それは一部のガソリンスタンドでＪＡＦ（一般社団法人・日本自動車連盟）による自動車の簡単な整備を行っていたからです。

しかし、自動車の整備ができる人を常時サービスエリアに置いておくのは難しく、今となっては自動車整備を高速道路のサービスエリアやパーキングエリアで行ってくれるところはありません。したがって、高速道路に乗る際には必ず自動車の空気圧や最低限の点検を行う必要があります。

かつて標識にあったスパナマークはインフォメーション「ｉ」の文字になったもの、高速道路リニューアル工事などで標識が新しく造られたことによって消滅したものもあり、スパナマークが残っている標識が今となっては貴重な存在です。

TOMEI MEISHIN 2-10

「京都インターチェンジ」はないのに「京都東」と「京都南」がある。その使い分けとは

名神高速には京都東と京都南にインターチェンジがあります。当初の予定では京都東ＩＣを大津ＩＣとして造る予定でした。このインターチェンジと接続するのは名神高速に隣接する一般国道1号で、「追分」と呼ばれる京都市と大津市の市境の地区に計画していました。これにより、インターチェンジは京都市と大津市の双方からのアクセスや利便性を考えていたのです。

しかし、インターチェンジを造るにあたり、地元の大津市で不満の声が上がりました。インターチェンジ利用者は大津市が多いと予想されているにも関わらず、出入口を京都市に変更する計画が提示されたからです。

これに対して日本道路公団は、大津方面からの利便性を確保するために、出入口を京都市だけでなく大津市にも造るように幾度となく計画を練り直しましたが、新たな用地の確保が必要になることから決定には至りませんでした。

最終的に、大津ＳＡに大津ＩＣを併設し、神戸方面への出入口を設けることで大津市の

地元と和解し決着しました。

名神高速が開通した当初、京都東ＩＣ付近の山科地区は京都市東山区となっていましたが、インターチェンジ開通直後から急激に人口が増えた結果、１９７６（昭和51）年10月に東山区から独立して山科区になりました。

名神高速が開通した当初、遮音壁はありませんでしたが、山科区は住宅が立ち並んだことにより必要性に駆られたため遮音壁が設置されました。

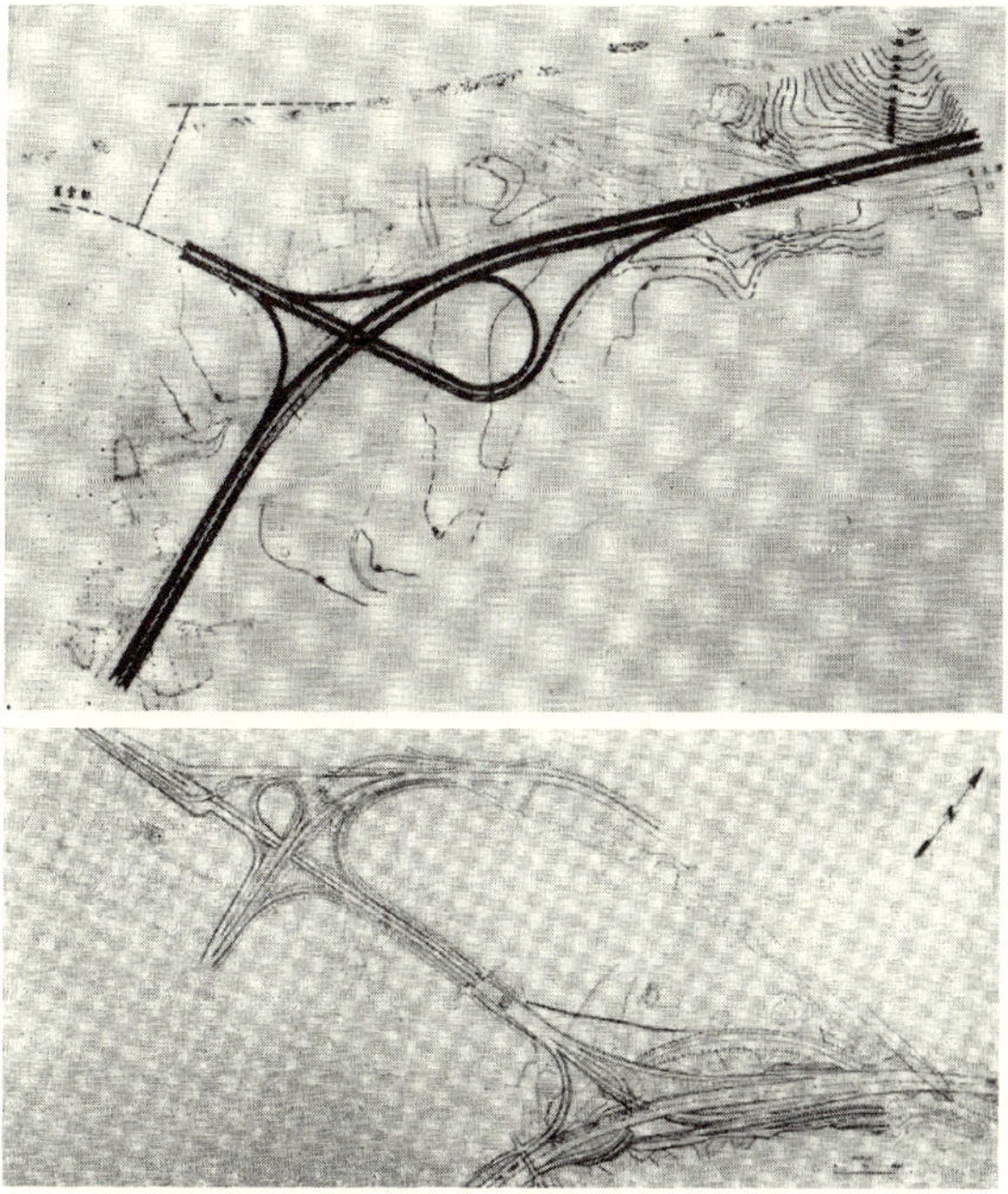
上：京都東ICドルシュ案。彼はトランペット型ICが好きでしたが採用されませんでした。下：京都東IC最終案（どちらも名神高速建設誌より）

京都南ＩＣは京都市の主な出入口として造られました。供用開始までは京都東

ＩＣが大津ＩＣになる予定だったため仮称として「京都ＩＣ」となっていましたが、京都東ＩＣの名前が決まったことで京都南ＩＣとなりました。

口説き文句は「ハイウェイをドライブしようよ」

名神高速が開通した当初、事故の第一報をいち早くスクープしたいマスコミがインターチェンジなどの付近に集まって寝ずに張りついていたことがありました。車を所有している人がこぞって名神高速を走りに来ました。車を所有していない人は観光バスに乗って訪れるほど、高速道路は観光地として注目されていたのです。

当時は女性の口説き文句として「ハイウェイをドライブしようよ」という言葉が流行ったため、日本道路公団は「知らない人から名神高速に誘われてもきっぱりと断りましょう」と新聞に女性向けの警告文を出していました。その頃から名神高速のインターチェンジ沿いにラブホテルが次々に誕生したという逸話がありますが、真相については定かではありません。

しかし１９６０年代後半にかけて高速道路のインターチェンジ周辺に次々と立ち並んだ説があることから、自家用車の普及と高速道路の発展に伴う高速道路沿線のラブホテル増加というのは本当かもしれません。

TOMEI MEISHIN
2-11

休憩施設の間隔がまばらな地の憩いの場所
桂川パーキングエリア

大津SAから吹田SAの区間はおよそ43㎞離れているため、原則通りであれば2か所のパーキングエリアが設置されるはずですが、実際には桂川PAの1か所しかありません。以前この区間に桜井PAがありました。

名称変更

桂川PAは上り線が1997（平成9）年に、下り線が1998（平成10）年に設置されました。ある事情（後述）から桜井PAを移転させる必要があったのですが、「桜井」という名称が大阪府三島郡島本町の地名であったため、移転すると意味をなさないことから、名称を変更することになりましたが、移転先は田園地帯で知名度がありませんでした。

そこで、最寄りの有名な地名として「桂川」の名前にしましたが、このパーキングエリアから桂川までは1㎞以上離れており、現在でも名前が実態を表していません。

国土地理院の空中写真（1987年）で見る桂川PA

国土地理院の空中写真（2008年）で見る桂川PA

京都周辺は遺跡だらけ

桂川ＰＡは名神高速で唯一京都府にあるパーキングエリアです。「掘れば遺跡が出る」といわれる京都の地で、建設前の発掘調査時に長岡京の貴族邸宅跡が発見されました。この邸宅は丸ごと一町区画を占める大きなものでした。桂川ＰＡには出土した貴族邸宅の築地塀《ついじべい》を復元したものが展示されています。

築地塀とは、土を叩き締めて積み上げた土塀で、古代から宮殿、役所、寺院敷地の囲いとして造られていました。現在まで残っている例は珍しく貴重な遺跡です。

名神高速起工の地

京都東ＩＣと京都南ＩＣ（481・6キロポスト付近）の間には「名神起工の地」の看板がありますが「名神高速道路起工の地」の碑は看板地点の中央分離帯内にあります。この碑は縦60㎝×横80㎝で、ガードレールもあって普段見ることはほぼ不可能（見ることができる唯一の条件：①バスに乗っている　②十分に明るい時間帯　③追い越し車線側を走行　④渋滞などで低速　⑤右窓側シートに座っている）です。

「名神起工の地」碑の説明プレートが桂川ＰＡ上り線にあります。

桂川PA上り線には貴族邸宅の築地塀を復元したものがあります

桂川PA上り線にある「名神起工の地」碑の説明プレート

TOMEI MEISHIN 2-12

天王山トンネルが守ったのはウイスキーの香り　その後の改良もまたすごい

京都府と大阪府の府境にある天王山《てんのうざん》トンネルは、1963（昭和38）年の名神高速「栗東IC〜尼崎IC」区間開通と同時に供用開始されました。

名神高速は運転者の負担となるトンネル区間を極力少なくするように、山岳地帯では山裾を這うようにして路線選定を行っています。

名神高速当初の計画では天王山トンネルを造る予定はありませんでしたが、選定した山麓ルート付近にサントリーの山崎蒸留所があり、車の排気ガスがウイスキーの香りに微妙な影響を与えることがサントリー側から指摘され、やむをえず天王山トンネルを造ることになりました。その際に、山崎蒸留所から少なくとも180m以上離してトンネルを造るよう

天王山トンネル上り線左ルート

主張されました。

トンネルを掘るにはまず、導坑《どうこう》と呼ばれる小さな坑道《こうどう》を掘ります。しかし、天王山山裾の地質は粘土と砂が交互に重なった崩れやすい土質だったため、下り線の坑道を掘るのに何度も失敗を繰り返すなど工事は難航しました。また、トンネルを支える木製の支保工《しほこう》が変形するほどの強大な土圧が作用していたため、鋼製の支保工（H形鋼アーチ）を使い、トンネルを掘り進めるための大型掘削機を導入しました。

さらに、軟弱な地質に対応するために熊谷組より提案された、側壁導坑先進工法（トンネルの側壁から掘り進めていく工法）を採用しましたが、工事は1日60㎝しか進むことができず、第1トンネル２４０ｍを掘り抜き、周囲をコンクリートで固めるのに1年半近くかかりました。

時速80㎞のスピードで、わずか11秒程度で駆け抜けることができるトンネルですが、このように様々な苦労の末に完成しました。

消えた桜井パーキングエリア

天王山トンネルと梶原トンネルの間には約１㎞の明かり区間があります。ここは大阪府三島郡島本町です。古来京の都と西宮を結ぶ山陽道、西国街道に面していて、江戸時代以

天王山トンネル（4本トンネル）

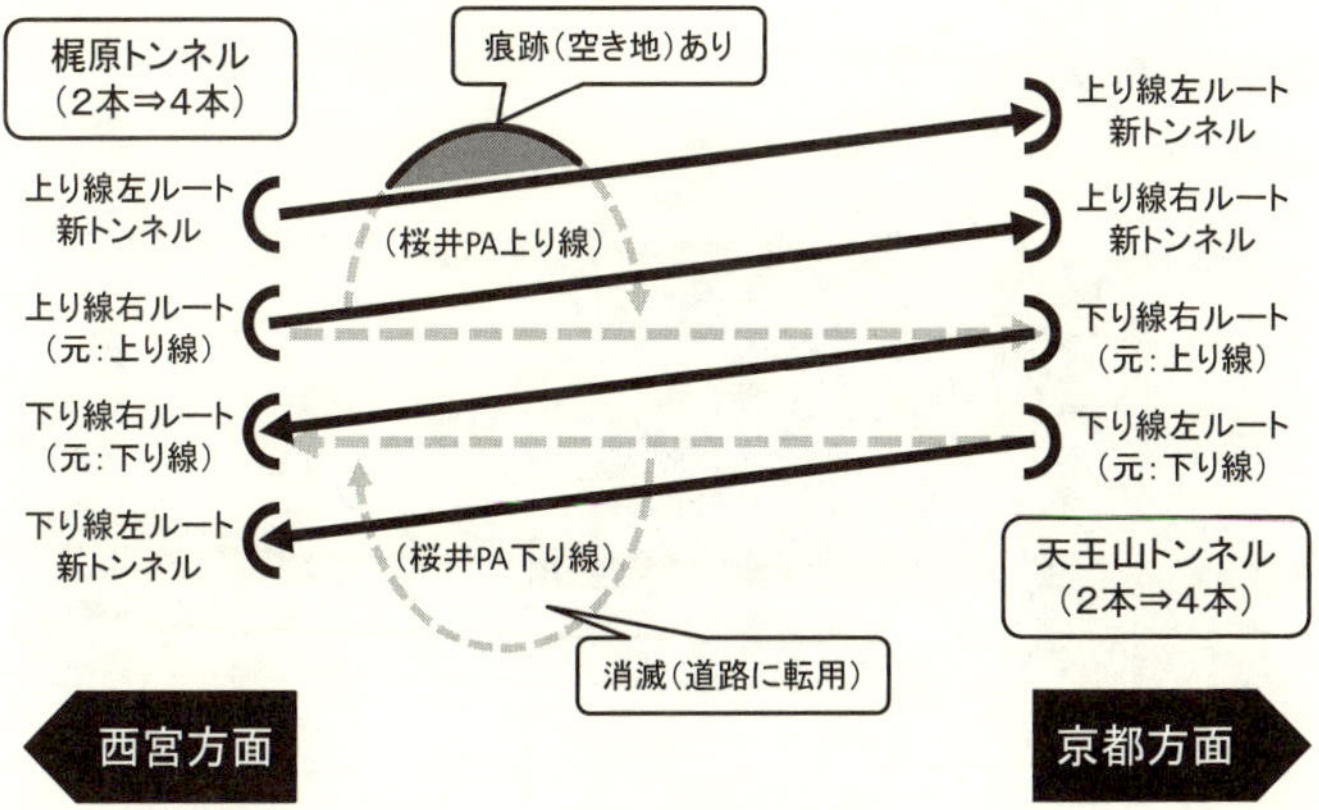

前は桜井駅が置かれる交通の要所でした。現在もJR東海道線、阪急電鉄、一般国道171号など狭い範囲にいくつもの重要な路線が通っています。また、桜井駅は楠木正成父子の別れの地としても有名です。

名神高速開通当初は上下線とも2車線でしたが、交通量の増加に伴い天王山トンネル付近を先頭に渋滞が発生するようになりました。これを解消するには車線数を増やすのが最も効果的ですが、2車線幅で設計されたトンネルのサイズがネックとなりそれもできません。そこで考え出されたのが、大胆にもトンネルを追加で2本増やし、倍の交通容量にするという案でした。

しかしこの案は、天王山トンネルと梶原トンネルとの間に位置していた桜井PAの処遇をどうするのかという問題もかかえていました。梶原トンネルは既存のトンネルの外側に新トンネルを追加するので、

本線側から見るこの遮音壁の裏（500kp付近）に桜井PAがありました

必ず桜井ＰＡに干渉してしまうのです。そのため、桜井ＰＡを別の場所に移転することにしました。この時に白羽の矢が立ったのが約10㎞手前の田園地帯（京都市南区）です。そこを桂川ＰＡと改称して移転しました。

以前桜井ＰＡがあった場所に痕跡はほとんどありませんが、上り線側の一部が現在も空き地として残っています。１９９８（平成10）年の移転から20年以上が経過し、周りは鬱蒼とした雑木林になっているため現認するのは非常に困難です。ちょうど上り線左ルートの５００キロポスト付近にありますが、本線側は遮音壁で覆われており、あっという間に通り過ぎてしまいます。

TOMEI MEISHIN 2-13

かつては周回できた!? 名神高速終点・西宮インターチェンジ

名神高速は、路線計画段階では山手側を通って神戸市三宮付近までとする案もありました。しかし、将来神戸市への延伸の含みも残して、途中の西宮市で第二阪神国道（一般国道43号）と接続するかたちでの終点となりました。

ところが阪神高速3号神戸線が西宮ＩＣ上に建設されることになり、神戸市への延伸計画がなくなりました。現在では神戸市方向への接続ランプが追加されているので、阪神高速にスイッチすることで神戸市へ行くことができるようになりました。

インターチェンジ形状は、当初はランプで近隣の取りつけ道路との交差点とする案でしたが、神戸市までの延伸可能性、第二阪神国道と阪神電鉄本線の位置関係、第二阪神国道まで高架路線を延長するよう西宮市長から要望があったことから、第二阪神国道上に高架構造の周回路を設けて（ロータリー型）そこに第二阪神国道からのランプを取りつける（変形ダイヤモンド型）インターチェンジとなりました。ロータリー型を採用したのは、

阪神高速建設前の西宮ICはロータリー形状がよくわかります（名神高速写真集より）

小さい用地に設置できることからです。

西宮ＩＣは名神高速終点のインターチェンジです。本線上に料金所を設けることでインターチェンジに料金所併設の必要がなかったため、インターチェンジ形状の選択肢が広がり、このようなロータリー型インターチェンジが誕生しました。

ロータリー型という名称から連続周回可能なイメージがありますが、名神高速西宮ＩＣ料金所出口から来て、ロータリーで一周しようとすると、そのまま名神高速西宮ＩＣ料金所入口に戻されることになります。以前は周回できる通路がありましたが現在は取り外されています。

第３章

新東名・新名神高速道路の不思議と謎

最新技術で快適、安全！

TOMEI MEISHIN 3-01

東名高速と名神高速があるのに、どうして新東名高速、新名神高速を建設したの？

2008（平成20）年に新名神高速の亀山JCTから草津田上《くさつたなかみ》IC間、2012（平成24）年に新東名高速の御殿場JCTから浜松いなさJCT間が開通しました。そして2016（平成28）年に新東名高速の浜松いなさJCTから岡崎JCT間が開通し、ついに御殿場JCTから草津JCT間を東名高速及び名神高速を介することなく走り抜けることが可能になりました。

現在はまだ四日市JCTから亀山JCT間に東名阪道を介するため交通容量不足による渋滞はありますが、それでも開通後の交通の流れは激変しました。

ダブルネットワークの構築

東名高速及び名神高速はかなり早い段階から「将来的に交通容量が不足して各所で渋滞が発生する」ことが予想されていました。これまでも交通集中しやすい区間についてトンネルの追加（大井松田～御殿場間、静岡～焼津間）や車線数の増加（厚木～大井松田間）を行ってきましたが、対症療法に過ぎず、抜本的な改善には程遠いものでした。

また、幹線高速道路が災害や事故で通行止めになった場合、迂回路がなければ物流が途絶え、経済に影響が出てしまいます。いざという時に迂回できる高速道路を用意しておくダブルネットワーク構想は、通行止めによる交通網遮断の可能性を低減させ、地震など災害時の救援物資の搬入や救援車両の移動にも威力を発揮します。実際に東日本大震災の際には、津波で被災した常磐道に対して東北道が交通の要として活躍しました。

これに対して、1987（昭和62）年の第四次全国総合開発計画において、第二東名自動車道（東京～名古屋間）及び第二名神自動車道（名古屋～神戸間）構想が閣議決定、同年に国土開発幹線自動車道建設法の一部改正により第二東海自動車道及び近畿自動車道名古屋神戸線を予定路線としました。その後、約30年の月日をかけてようやく御殿場ＪＣＴから草津ＪＣＴまでの脱東名高速、脱名神高速が実現しました。

現在も工事は進められていて、新東名高速は２０２０年、新名神高速は２０２３年にそれぞれ全線完成し、海老名ＪＣＴから神戸ＪＣＴ（中国道起点）までのダブルネットワーク構想が実現します。

TOMEI MEISHIN 3-02

市街地や地形にかまわず山間部を突っ切るように見える新東名のルートの秘密

東名高速は東京ＩＣから厚木ＩＣまでの都市近郊地域、大井松田ＩＣから御殿場ＩＣまでのカーブとアップダウンが続く丘陵地域、さらには由比地区のような臨海地域まで、多様な地形の中を走行しています。一方の新東名高速は、御殿場ＪＣＴから岡崎ＪＣＴに至るまでほぼ全域にわたり山間部です。

これは、東名高速の建設から新東名高速の建設までには約40年の期間があるので、ひと口にいえば高速道路のコンセプトが変わってきたということです。そのような中でも、以下の理由が大きく影響しています。

①走行速度を上げるため

新東名高速では設計速度１２０㎞／ｈ、一部には道路構造令にない１４０㎞／ｈという規格で建設されています。そのため、最小曲線半径３０００ｍ、最大勾配２％ととても緩

トンネル、橋梁、土工技術で山間部に高速道路建設

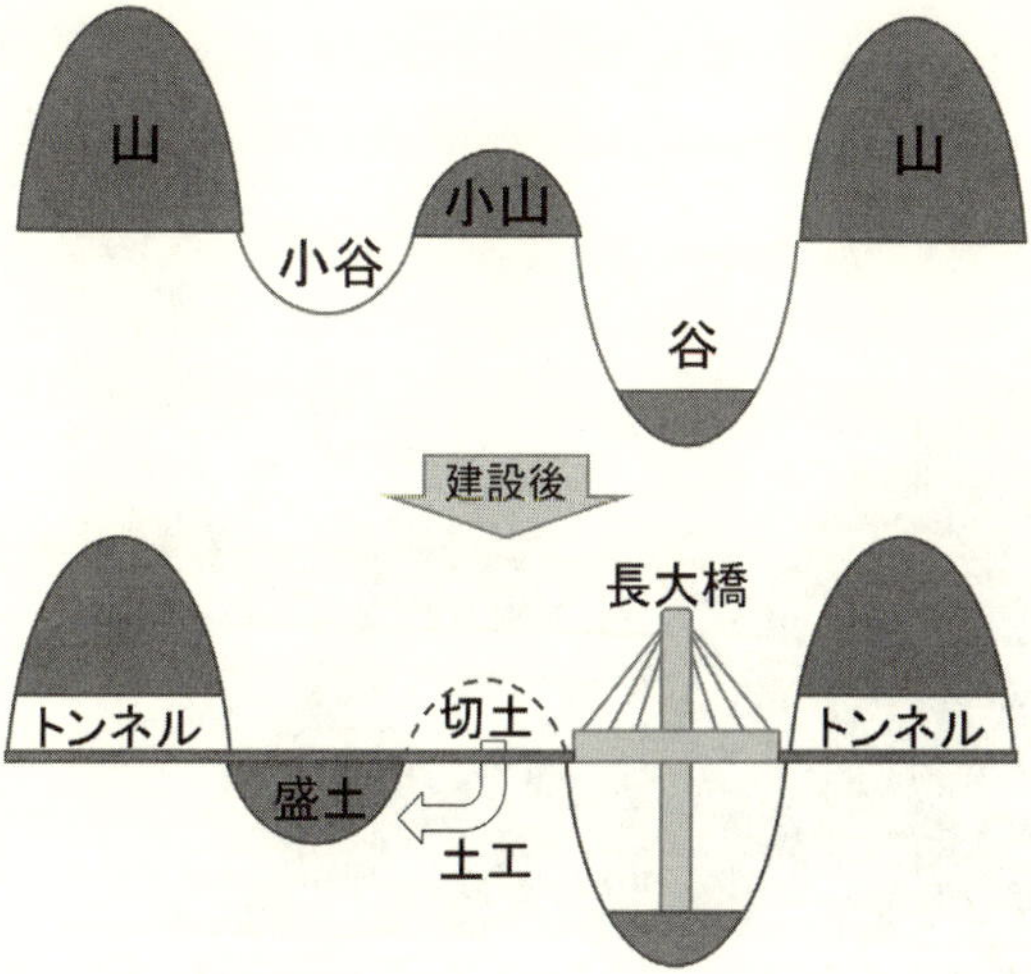

やかな線形になっています。これを実現するには、土地選定の自由度の高い山間部が理想的です。

②都市近郊の用地買収が困難になったため

近年の都市部への人口集中は以前に増して進み、都市自体が拡大する傾向にあります。その結果、高速道路の土地確保は、土地所有が複雑に入り組んだ現在の都市部、都市近郊部では困難です。

一方で過疎気味の山間部は地価も安価であり、最近では新規開通する高速道路は山間部がほとんどです。

③土木・建設技術が向上したため

山間部に高速道路を建設する場合には、太平洋沿岸部のような平坦な土地と比較して「高低差」と「入り組んだ地形」という

大きな問題があります。

以前は川沿いや山の外周部沿いといった地形的に平坦な場所を選んで路線設定していたので、東名高速の大井松田ＩＣから御殿場ＩＣ間のように、遠回りや厳しい線形となりました。

堀割で切り取った土は別の場所で盛土として使用（新東名高速）

その後、トンネル技術や橋梁技術、土工技術の向上により、地形の影響をある程度無視して効率的な線形にすることができるようになりました。山はトンネルで貫通し、高低差のある地形は盛土や切土で平坦化、さらに河川などは長大橋梁で跨ぐ、といった方法です。道路建設技術は近年急速に発展してきていますが、近年の山間部における高速道路建設ニーズの増加が技術発展を呼びこんだ面もあるかもしれません。

TOMEI MEISHIN 3-03

土木の世界も日進月歩 新東名高速、新名神高速で使用された最新技術

山岳部を貫く新東名高速と新名神高速は、東名高速や名神高速と比べて、適度に自然に手を加えることで、高速走行に適した緩やかな線形を造り出しています。必要に応じて切土と盛土を行いますが、より効率的に工事するために大型機材を活用しました。一般的な10トンダンプから35トンダンプに、また盛土の締め固めに用いる振動ローラーを20トン級から30トン級に変更して、1作業あたりの効率を向上させました。こういった地道な努力によって新東名高速や新名神高速は期限内に建設されたのです。

また、既存の機材の大型化以外にも、新たな技術が随所に使用されています。特に山間部で重要な橋梁技術やトンネル技術です。

エクストラドーズド橋

最近、斜張橋のように見えるのに主塔が低い橋梁が新規開通区間において徐々に増えつ

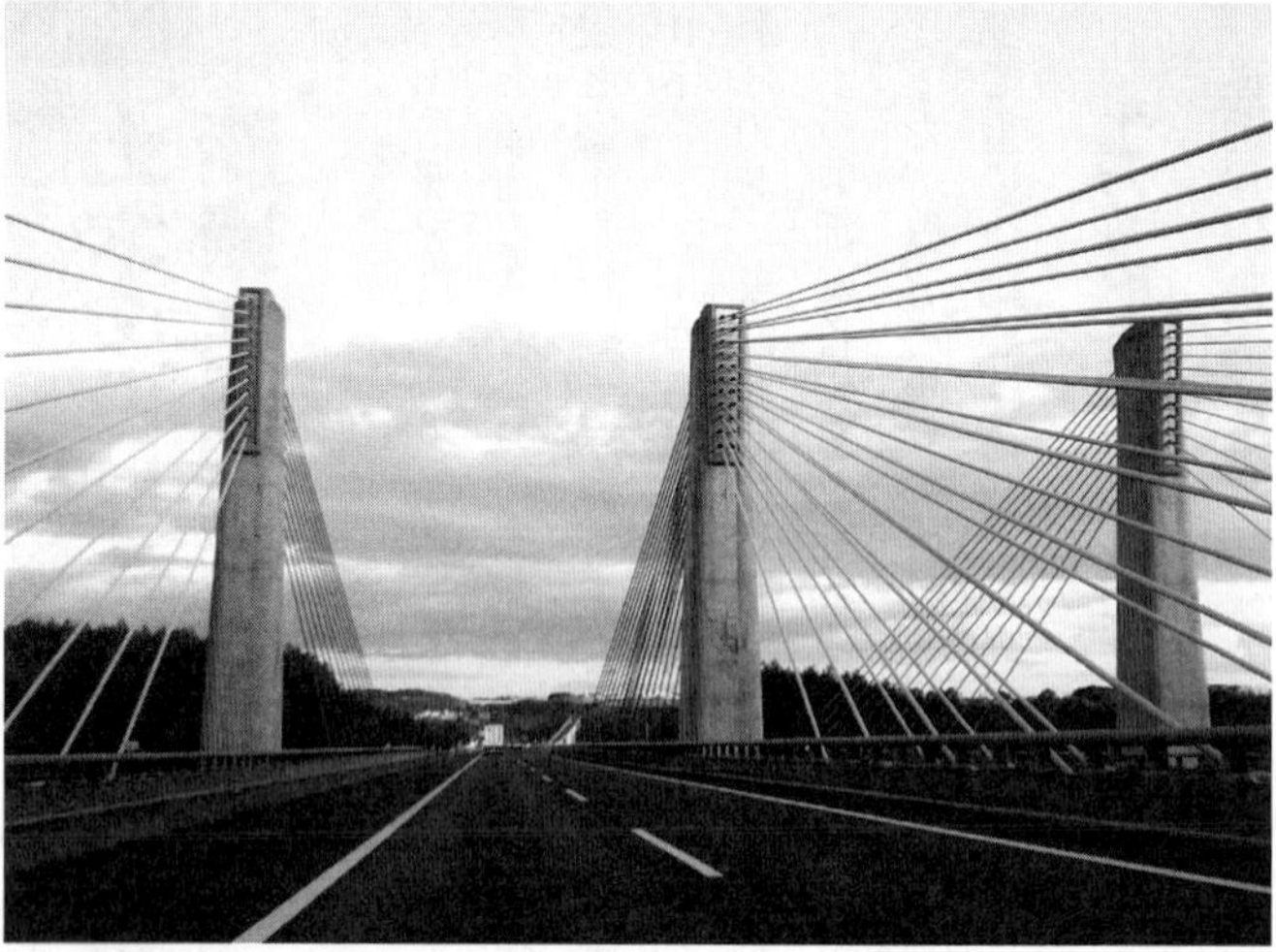

見た目も美しいエクストラドーズド橋（都田川橋・新東名高速）

つあります。これはエクストラドーズド橋と呼ばれる形式で、プレストレスト・コンクリート橋、すなわち桁橋の一種です。

桁橋は主桁の剛性（固さ）で支える構造で、長大橋になると剛性維持のため厚くなってしまい、コストもかかります。そこで低めの主塔から伸びる低角度の斜材により補強することで主桁自体の厚さを軽減し、結果としてコストも軽減できるのです。

とはいえ基本は桁橋のため吊り橋ほどの長大橋を建設するのには不向きですが、それでも支間が２００m以下の場合はコスト面で斜張橋などよりも有利となります。新東名高速や新名神高速のように山間部を流れる河川を跨ぐような場合に最適な橋梁形式です。

TBM導坑先進拡幅掘削工法

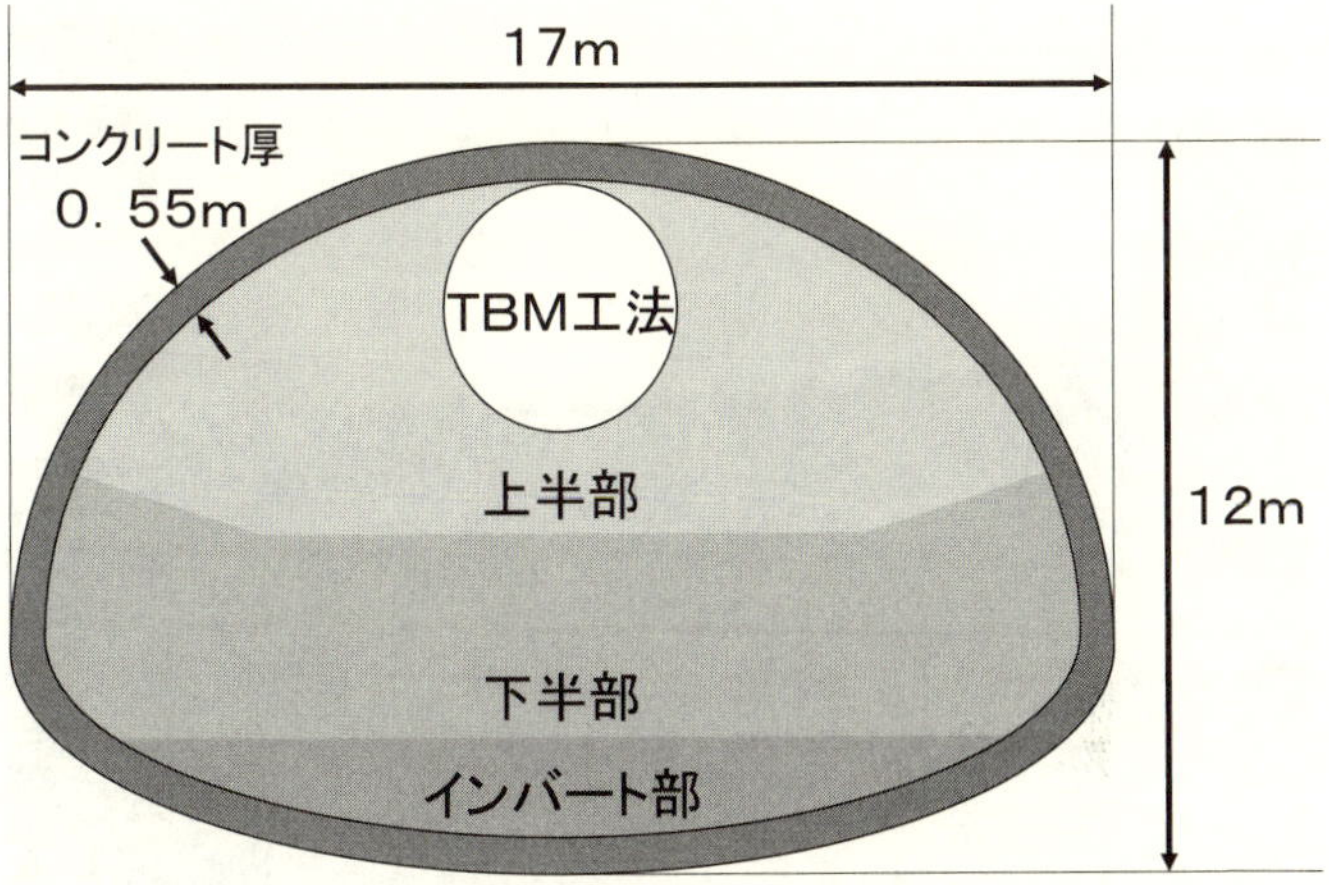

ＴＢＭ導坑から上半部、下半部、インバート部と掘り広げます

さらに、主塔が低いため利用者（走行車）への圧迫感が少ない事も特徴です。また、ケーブルの張り出しも斜張橋同様整っているため、ランドマークとしても優秀です。静岡県の都田川《みやこだがわ》橋や兵庫県の生野《いくの》大橋などが代表例です。

大断面扁平トンネル

新東名高速には１０００ｍ超の長大トンネルが10本以上あり、その半数以上が３車線幅の大断面トンネルです。従来の２車線トンネルでは断面積80㎡ですが、それを同じ断面形状で３車線トンネルに拡大すると断面積２００㎡を超えてしまいます。そのため、幅を広げながら高さを抑え、断面積を１８０㎡に抑えました。断面形状は縦横

上下線の近接と土被りの少なさで難工事となった今里トンネル（新東名高速）

比０・７０から０・５５になり、より横長の扁平になります。

　この大断面トンネルを実現するために、ＴＢＭ《トンネル・ボーリング・マシン》導坑先進拡幅掘削工法を採用しています。これは、トンネル頂上部にＴＢＭで直径約５ｍの導坑を先進掘削して、上半部、下半部、インバート（トンネル下面からの外圧抵抗のための丸み）の順に拡幅する工法です。先進掘削した導坑により亀裂や湧水などの地面の状態を確認することで、適切な保持工や補助工法を適用できるようになりました。

ペースメーカーライト

　ここまでは建設に対する新技術でしたが、快適な走行性を得るための技術も多数採用

光の輪が交通の流れに合わせた速度で移動します（新東名高速）

されています。その一つがこのペースメーカーライトです。
これはトンネル照明灯具に搭載されたLEDモジュールを活用して移動点灯させるペースメーカー機能です。制限速度100km／hで流れている場合は、その速度で緑色の光の輪が移動していくので、利用者はこれに速度を合わせるだけで速度上昇や低下を防ぐことができます。これは交通の全体の流れを制御できますので、サグ部などの渋滞しやすい場所で威力を発揮します。
また、落下物がある場合は全体が黄色点滅、火災が発生した場合は全体が赤色点滅するなど、利用者への情報提供手段にもなります。まさに技術は今も進化していることが実感できる新技術です。

TOMEI MEISHIN
3-04

「最高速度110㎞/h」は、実はまだ「試行」の段階 今後はどうなる?

新東名高速では道路構造令で規定された設計速度120㎞/hの高速道路ですが、将来的な最高速度制限の緩和を見越して140㎞/hでも走行可能な規格(緩いカーブ半径、勾配、広めの車線幅員)を適用している区間があります。

現在の道路交通法で定められた高速道路の法定最高速度は高速道路開業当時から100㎞/h(通常時)でした。しかし、この法定最高速度を制定した当時から比べて車の性能が上がっていることや、シートベルト着用義務化など車体事故時の安全性も向上していることも考慮して100㎞/h超の実施可否が検討され、ついに新東名の一部区間において最高速度110㎞/hの試行が始まりました。

区間については、道路構造(片側3車線区間が多く、カーブも少ない)と気候(濃霧や大雨などの特異な天気が少ない)を考慮して新静岡ICから森掛川《もりかけがわ》ICまでの約50㎞が指定されました。

未知の領域、最高速度110㎞／hの注意点

1961（昭和36）年に完成した山科地区（4・3㎞）において走行試験を繰り返し、その結果から1963（昭和38）年の道路交通法施行令改訂により高速道路の最高速度を100㎞／hに決定しました。最高速度制限の緩和がたびたび議論の的になりましたが、結局は半世紀もの間変わることはありませんでした。

そしてついに2017（平成29）年、試行ながら最高速度110㎞／hが実現しました。この試行は各種気象条件、交通事故の発生状況や交通量条件などのデータを収集するため、最低でも1年以上は実施されることが決まっています。この期間中の採集データ次第では最高速度120㎞／hへの引き上げや他区間への適用拡大も視野にあるようです。

しかし、今回最高速度110㎞／h（+10㎞／h）試行の対象は現在の道路交通法において高速道路の最高速度が100㎞／hである車種のみで、大型トラックなどの最高速度80㎞／hの車種は据え置かれています。

これは貨物の状況により走行が不安定になること、制動距離が伸びること、重量が大きいと事故時の衝撃が大きくなることが理由です。そのため、これまで以上に乗用車とトラックとの速度差が発生する（速度20㎞／h差から30㎞／h差に増加）ことになります。

ここからは110km/hのスピードで走行可能な区間（新東名高速）

静岡県警察では、１１０㎞／ｈ試行区間だからといって、必ずしも１１０㎞／ｈで走行する必要はない（最低速度以上であれば）こと、これまで以上に車間距離を十分に確保することなどを呼びかけています。ただし、速度差のある車両の混在が交通の流れや安全性にどのような影響を与えるのかは未知数ですし、そもそも実勢速度が上昇するのかも不明です。

いずれにしても、この試行の結果次第では１１０㎞／ｈ試行区間の全国への拡大、さらには１２０㎞／ｈの試行も実現の可能性が出てきます。

TOMEI MEISHIN 3-05

伊勢湾岸道といえば、三つの雄大な斜張橋 最初に開通した「名港西大橋」の秘話とダジャレ

伊勢湾岸道といえば連続する三つの橋の名港《めいこう》トリトンです。名港トリトンは「名港東《ひがし》大橋」「名港中央大橋」「名港西大橋」三つの雄大な斜張橋で構成されており、伊勢湾岸道開通から20年が経った現在でも大変人気のある橋梁です。

名港トリトンの名前の由来は「3」を意味する「トリプル」とギリシャ神話に出てくる「海の神様ポセイドンの息子の名前」から来ています。名港東大橋が青色、名港中央大橋が白色、名港西大橋が赤色のカラーを持っています。名港中央大橋は三つの橋の中で一番大きく、四季折々のカラーバリエーションライトアップ、年末年始やクリスマスには特別なライティングが楽しめます。

名港トリトンが通っている路線は今でこそ橋梁区間となっていますが、最初はトンネル案が検討されていました。しかし設計、施工、採算性を検討した結果、橋梁となりました。橋梁の形式についても名港西大橋はダブルデッキ形式のゲルバートラス橋（大阪の南大橋

名港トリトンをとりまく道路の名前

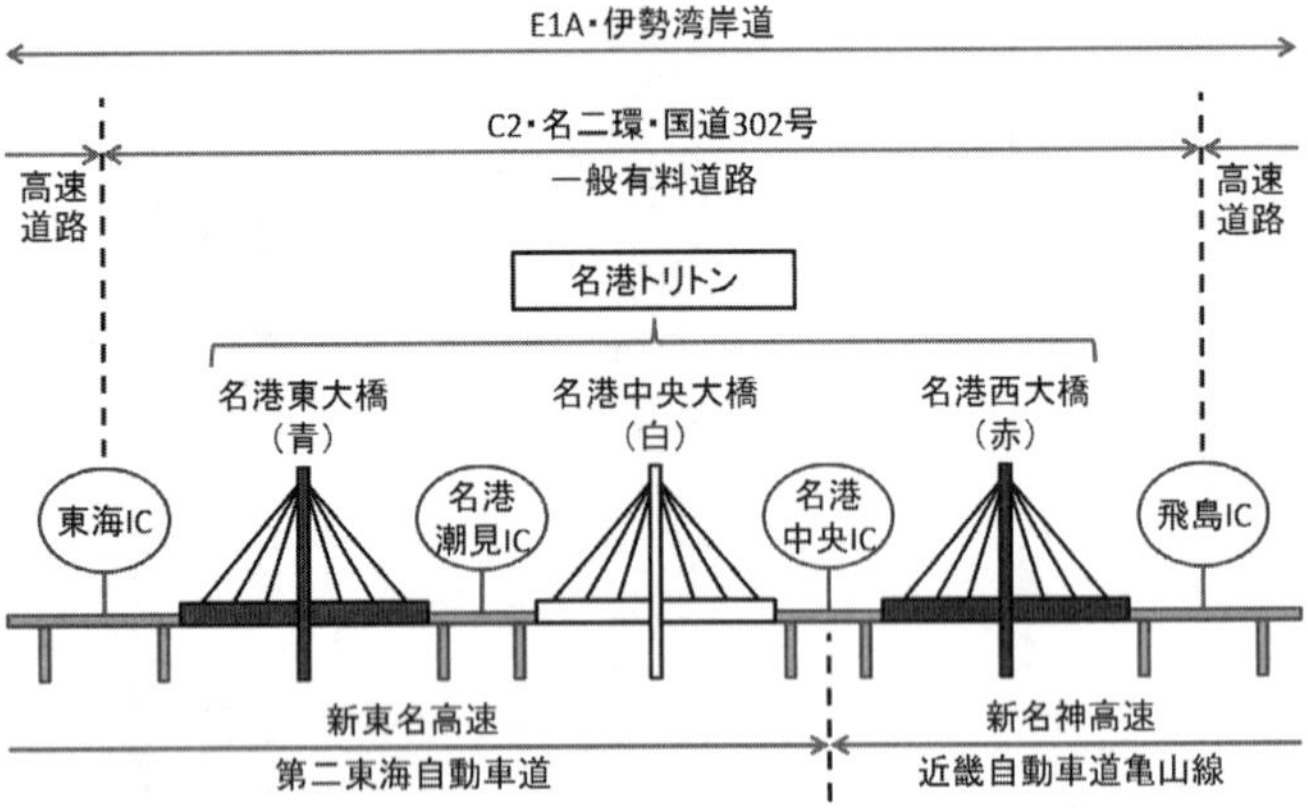

のような形状）、名港中央大橋と名港東大橋はダブルデッキ形式の吊り橋で計画されていましたが、耐風性や耐震性などを考慮して斜張橋となりました。

名港トリトンで最初に完成したのが名港西大橋です。1985（昭和60）年3月20日に1期線が暫定2車線（対面通行）で供用していましたが、2期線の供用によって片側3車線ずつの世界でも珍しい長大並列橋が完成しました。橋の全長は758mということから、語呂合わせで「ナゴヤメートル」といわれており、名古屋のシンボルとして一躍有名になりました。これは橋を造っている段階で限りなく758mに近い数字になったため、意図してこの数字にしました。

悲しい現実だった当初の名港西大橋

名港西大橋が開通した当初、赤い橋梁の雄大な姿はとても素晴らしいとされ市を挙げて盛り上がりましたが、周辺道路との連結もできておらず、名古屋港の海上にこの橋がポツンとある状態では何の役にも立たないと言われるようになり、さらに橋を渡る通行料も高かったため次第に利用者が減っていきました。港が世界各国と結ばれていても橋は国内のどことも結ばれておらず、名古屋とは高速道路で結ばれていましたが、名古屋港に直結する高速道路はありませんでした。

この名港西大橋の起死回生の時が来たのは、1998（平成10）年に名港中央大橋と名港東大橋が完成し、東西の道路が高速道路と直結してからです。名港トリトンという名を持ち、3橋揃ってようやく本来の意味を成すことができました。

名港トリトンは国道なの？

名港トリトンは環状道路一般国道302号の一部で、有料道路区間となっています。さらに、名古屋第二環状自動車道（名二環《めいにかん》）の一部です。また、この区間の通称は伊勢湾岸自動車道となりますが、路線では名港中央ICを中心に名港中央大橋以東は第二東海自動車道、名港西大橋以西は近畿自動車道亀山線となっています。しかし、その実態は一般国道302号のバイパスとして整備（A'路線）された関係から一般有料道路という区分になっていて、高速道路ではありません。

TOMEI MEISHIN
3-06

最新鋭設備で誕生! 西日本最大級の宝塚北サービスエリア

2018(平成30)年3月18日、NEXCO西日本エリアで最大級のサービスエリア「宝塚北SA」が新名神高速道路にオープンしました。

宝塚北SAは片側集約式・上下集約型です。上下線の駐車場はそれぞれ別にあり、中央の施設は上下線のどちらからも利用可能です。下り線側はガソリンスタンドが中央にあるため、施設や駐車場を利用した後にも給油ができます。一方で上り線はガソリンスタンドが出口付近にあるので、ガソリンスタンドを利用した後は施設の利用ができません。

宝塚北SAは、宝塚市の中心部「花のみち」と周囲の南欧風風景をイメージして造られた「宝塚モダン」がコンセプトです。宝塚の街にいるような気分を満喫できるように、エントランス棟はリゾートホテルのロビーのような広さがあり、ところどころに置かれたベンチはそこにあるだけで絵になりそうです。エントランス棟は上下線を結ぶメインストリートで、床、洋風のアンティーク照明など細部の演出にもこだわっています。

ハイウェイの宝島

宝塚北SAを運営している光明興業《こうめい》は、ワンコイン「ガチャめし」で一躍話題となった舞鶴若狭《まいづるわかさ》道の西紀《にしき》SA下り線を運営しています。今回の宝塚北SAも面白いことを考えているに違いないと思った矢先に筆者が発見したのは、「ハイウェイの宝島」というキャッチフレーズでした。筆者が開通日に訪れた際、お土産を購入したレシートにそう印刷されていたのです。これはサービスエリアでお土産の宝物探しの意味や、旅の行程や思い出を宝物に、さらに宝塚という地名にもかけて「ハイウェイの宝島」としているのではないかと考察しました。

宝塚北SAにはオリジナルのロゴがあり、ロゴを見たら一目で宝塚北SAを彷彿させるような素晴らしいものです。このロゴを使ったグッズ展開なども今後していくのではないかと筆者は期待しています。

NEXCO西日本エリアの最大面積を誇る店舗棟ということで、店内にあるお土産の種類は豊富です。特に神戸近辺や関西方面のお土産が目立ちますが、どれも品のよさそうなものばかりです。お土産を貰った人も嬉しくなる、ちょっと高級感のあるものを手に入れられます。また、宝塚歌劇団のグッズやCD、DVDなども扱っています。

漫画家の手塚治虫が宝塚出身だったということから、ショッピングコーナーには手塚治虫に関係したキャラクターのグッズが多数並んでおり、セレクトスイーツコーナーの前には『リボンの騎士』を象った等身大フィギュアがあるのも目を惹きます。

どこで写真を撮っても映えますが、ＳＮＳ投稿を狙ったスポットをわざわざ造ってくれているところは、時代の先端を行こうとするＮＥＸＣＯ西日本と、楽しく自由な発想を大事にしている会社の方針なのかなと思うことがあります。サービスエリアやパーキングエリアを利用する人々が本当に求めているもの、それが運営側の出している答えと合致したときは、利用者も運営側も何にも変えられない悦びとなると考えます。

宝塚北サービスエリアのコンセプトは「宝塚モダン」

手塚治虫『火の鳥』をモチーフにした樹木アート（宝塚北SA上り線）

第4章

サービスエリア・パーキングエリアの不思議と謎

エンターテインメントにしてオアシス！

TOMEI MEISHIN
↖ 4-01

日本で最初のサービスエリアは名神高速「大津サービスエリア」

日本で最初に誕生したサービスエリアは１９６３（昭和38）年7月16日に開通した名神高速の大津ＳＡです。日本にサービスエリアどころか高速道路という概念がなかったため、珍しさからサービスエリアを観光目的とした人で賑わいました。

あまりの混雑の様子から、自然景観がよいことは休憩施設の立地条件として相応しくないとされたこともありましたが、当初の混雑は一時的なものであったことから、景観のよい場所を選んでサービスエリアを造ることは正しいということがわかりました。

大津ＳＡ上り線は当初の形から度重なるリニューアルを繰り返し現在の姿になりました。琵琶湖の水とそれを取り囲む山々の緑と共生するハイウェイリゾートというテーマです。建屋はこれまでのレトロモダンな雰囲気を残しつつ、日本で最初のサービスエリアと呼ぶに相応しい姿で琵琶湖の見える高台の地に建っています。

NEXCO西日本のサービスエリア「パヴァリエ」

大津SA下り線は2013（平成25）年4月13日にパヴァリエびわ湖大津としてリニューアルしました。パヴァリエとは、NEXCO西日本のコンセプトサービスエリアで、フランス語でパルキング「駐車」とヴァリエ「様々な」という意味を合わせた造語です。他のサービスエリアやパーキングエリアには置いていない、ここだけにしかないお土産や地元の食材をふんだんに使ったメニューを提供しています。

単なる通過点としてのサービスエリアではなく目的地としても利用してもらえるように、眺望を生かした構造の建物、広いショッピングコーナーを設けた複合商業施設です。また、太陽光発電システムや省エネ技術といったエコロジーに力を入れるなど、様々な工夫を凝らしています。

大津SA下り線はリニューアルしたことにより、名神高速開通当時の大津SAの面影はなくなりましたが、リニューアルした大津SA（パヴァリエびわ湖大津）はなんと3階建て。1階はお土産コーナーとインフォメーション、2

パヴァリエびわ湖大津は名神開通当初あった建物の進化形？どことなく似ている雰囲気

階はフードコートとレストラン、エスカレーターやエレベーターで楽々移動ができます。外観は全面ガラス張りで光がたくさん入る明るい雰囲気のサービスエリアです。

パヴァリエびわ湖大津はサービスエリアなので24時間営業です。夜の高速道路に輝くサービスエリアはとても美しく、特に用事がなくても思わず立ち寄ってみたくなってしまうほど魅力的です。

3階のテラスからは琵琶湖を一望できます。遠くの景色を眺めることはドライバーにとって運転の疲れを癒す大事なリフレッシュ方法の一つです。ここにも利用者を飽きさせない工夫がされています。実は大津SAは上下線とも「恋人の聖地」になっているのです。

恋人の聖地とは?

NPO法人地域活性化支援センターでは「少子化対策と地域の活性化への貢献」をテーマに観光地域の広域連携を目的とした「恋人の聖地プロジェクト」を展開しています。最近は恋人の聖地に認定されている高速道路のサービスエリアやパーキングエリアが増えてきました。

しかし、恋人の聖地にはいくつかの条件がありまして……

・地域を代表する観光施設であること

・恋人の聖地のオブジェを置くことができること
・プロポーズにふさわしいロマンチックな場所であること
これらの条件を満たしていないと恋人の聖地として認定されません。大津ＳＡは上下線とも見事にクリアした場所なのです。

恋人の聖地は大津ＳＡだけではないので、ぜひ訪れてみてください。

大津ＳＡ上り線にある恋人の聖地のモニュメント「メビウスの輪」

大津SA下り線にある恋人の聖地「アーチのトンネル」

路線	施設名
名神高速	大津ＳＡ上下線
東名高速	浜名湖ＳＡ上下線
中央道	諏訪湖ＳＡ上り線
北陸道	有磯海ＳＡ下り線
北陸道	杉津ＰＡ下り線
神戸淡路鳴門道	淡路ＳＡ上り線
長崎道	大村湾ＰＡ上下線
大分道	別府湾ＳＡ上下線
松山道	伊予灘ＳＡ上下線

恋人の聖地として認定されているサービスエリア（２０１８年7月現在）

TOMEI MEISHIN
↖ 4-02

開業当時の雰囲気を残す日本最古のパーキングエリア 東名高速「駒門PA上り線」

日本で一番古いパーキングエリアは1969（昭和44）年に建てられた東名高速の駒門《こまかど》PA上り線です。サービスエリアやパーキングエリアのニューアルが行われている中で、駒門PA上り線だけは、東名高速が全線開通してから建てられた当時と変わらない状態で残っています。

老朽化に伴う建屋の建て替えや高速道路リニューアルプロジェクトの一環で、昔ながらの懐かしく温かい雰囲気のパーキングエリアは減ってきています。東名高速駒門PA上り線の店長は「一番古いパーキングエリアとしてこれからも長く愛されるような場所にしていきたい」と話してくれました。

このパーキングエリアに入っているテナントの東京ハイウェイは、面白いことや楽しいこと、いいと思ったことは実行してみるという店長やスタッフの自由な発想を大事にしている会社です。おかげで、いつ駒門PA上り線に訪れても気持ちよく休憩と買い物ができ

名物アメリカンドッ君が目印の駒門PA上り線

ます。手作り感満載の店内はスタッフが協力して作った飾りつけや、店長の力作ディスプレイ、これを見るだけでも楽しくて訪れる価値があるのです。

他のサービスエリアやパーキングエリアとの違いは接客の距離感だと感じます。また、かしこまらずに気軽に立ち寄れるのも魅力の一つです。

サービスエリアやパーキングエリアは目的地になる？

高速道路の料金所もＥＴＣカードでスルーできるようになった今、料金所で少しの挨拶や会話をすることもなくなりました。そして、高速道路のサービスエリアやパーキングエリアでスタッフと会話の機会はほとんどありません。
しかし、東名高速駒門PA上り線を始めとする東京ハイウェイのパーキングエリアは、明るく元気で会話上手なスタッフが多いのも魅力です。「何時に家を出たの？」「今日は取材の帰り？」「いつも寄ってくれてありがとう」など、言葉と言葉のキャッチボールはコミュニケーション不足が社会問題になっている今、貴重な存在です。

パーキングエリアのお楽しみスポットを店長が紹介（鮎沢PA上り線）

旅行は準備や計画から既に始まっていて、旅の途中も大事な旅の行程。そしてそれは思い出に変わります。高速道路のサービスエリアやパーキングエリアで出会ったスタッフとの会話はこの先の旅を一層楽しいものにさせてくれることでしょう。

建物が綺麗、食べ物が美味しい、それだけではなく、あのスタッフの話が面白かったからまた行きたい。そういったスタッフとのコミュニケーションもサービスエリアやパーキングエリアが目的地になるエッセンスの一つであると考えています。

TOMEI MEISHIN
4-03

「NEOPASA（ネオパーサ）」と「EXPASA（エクスパーサ）」コンセプトSA&PAの魅力と秘密

ＮＥＸＣＯ中日本エリアには商業施設ブランドが二つあります。一つは未来を感じさせるという意味で新東名高速にしかない「ＮＥＯＰＡＳＡ（ネオパーサ）」で、もう一つは従来のサービスエリアやパーキングエリアを「超える」という意味を持つ「ＥＸＰＡＳＡ（エクスパーサ）」です。

新東名高速ネオパーサ駿河湾沼津上り線。リゾートを思わせる雰囲気と眺望から人気のサービスエリアです

ネオパーサとエクスパーサは、それぞれのサービスエリアにコンセプトを持たせ、訪れる人を飽きさせないようにコンセプトに合った建物の外観造り、地産地消をテーマにしたお土産や限定品の販売、陳列されているお土産も思わず手に取りたくなるようなものが多く、パッケージもお洒落で美味しそうなものをたくさん置いています。

サービスエリアのお土産の概念を見事に覆す、百貨店や専門店に置いてあるような珍しい調味料から雑貨品に至るまで、家族や友人だけでなく、自分用にも買って帰りたい豊富なお土産の数々は目を見張るものがあります。

接客も一流のホテルのスタッフや飛行機のCAさんのようです。そんなサービスエリアはもちろん素敵ですし、高速道路という特別な場所にはピッタリです。

エクスパーサ第一号は東名阪道御在所SA
(写真は下り線)

NEXCO中日本がコンシェルジュの理由

高速道路の標識に描かれている「i」は「インフォメーション」だと思っている人がほとんどでしょう。NEXCO中日本エリアで「i」の文字はこの先の渋滞や交通情報を発信する情報ターミナルや道路交通情報掲示板を指します。サービスエリアで制服を着ている女性が案内してくれるカウンターは「コンシェルジュ」と呼んでいます。

インフォメーションとコンシェルジュの違いは、道路交通情報だけでなく、周辺の遊園地や博物館、美術館などのチケットの手配ができること、宿泊施設の予約ができることなど、道路交通情報以外の高速道路周辺の情報についても対応しているため、コンシェルジ

知る人ぞ知る!?　空のサービスエリア。エクスパーサCafe羽田（羽田空港）

ュと呼んでいるのです。

空港にもサービスエリア?

羽田空港の国際線ターミナルには「ＥＸＰＡＳＡ　Ｃａｆｅ（エクスパーサカフェ）羽田」があります。これは、ＮＥＸＣＯ中日本が、日本のサービスエリアを海外の方にも知ってもらいたいということで２０１４（平成26）年３月１日にオープンしました。

提供しているメニューは外国人観光客を意識した軽食やスイーツ、ＮＥＸＣＯ中日本管轄エリアの高速道路沿線で採れる食材を生かしたオリジナルのメニューを堪能できます。全てのメニューはテイクアウトが可能です。

足柄SA上り線のレストイン足柄は地元のレジャー会社「時之栖」の営業

多賀SA下り線にある「レストイン多賀」。温泉だけの利用も可能

エクスパーサのロゴや看板は、まさに高速道路のサービスエリアそのもの。店内にあるモニターには高速道路沿線の観光情報や富士山の四季折々の姿を映像で紹介しているほか、高速道路のジオラマや、ＮＥＸＣＯ中日本管轄の高速道路地図を置くなど、さり気なく「そら」ではない「みち」をＰＲしているところが素敵です。

サービスエリアにある宿泊施設とは？

ＮＥＸＣＯ中日本エリアには、東名高速足柄ＳＡ上り線と名神高速多賀ＳＡ下り線に宿泊施設「レストイン」があります。１９７１（昭和46）年に足柄ＳＡで実施したサービスエリアアンケートで、実に70％の回答者が高速道路に宿泊施設を必要としているという結果が出ました。特にトラックドライバーからの要望が多かったため、協議の結果設置することになりました。

最初に設置されたのは１９７７（昭和52）年12月に東名

高速足柄SAにレストイン足柄、続いて1979（昭和54）年4月には名神高速多賀SAにレストイン多賀が営業を開始しました。

「レストイン」の名称は日本道路公団関係者から募集したもので、レスト「休む」イン「宿」をかけあわせた言葉です。その他にも最終候補として残ったものが「ハイウェイ・イン」「ハイウェイ・レスト・ハウス」「レスト・イン」「レスト」「イン」といった具合に「・」があるかないかという微妙な違いです。名称一つにも真剣に考えていたことが伺えます。

サービスエリアとパーキングエリアは一般道路からも入ることができる？

NEXCO中日本エリア内のほとんどのサービスエリアとパーキングエリアは、高速道路からだけでなく一般道路からでも入ることができます。このゲートの名前を「ぷらっとパーク」といいます。

東名高速や名神高速が誕生した当初、サービスエリアは人と車が休憩する場所で、パーキングエリアはサービスエリアの補助という位置づけであり、必要最低限の休憩ができる施設でした。

しかし、日本道路公団が2005（平成17）年10月に民営化された直後から、サービス

高速道路に乗らなくても「ぷらっとパーク」から商業施設の利用が可能（新東名高速駿河湾SA上り線）

エリアやパーキングエリアを地元の人々にも利用してもらい、地域全体で盛り上げていくという方針に変化したため、高速道路で通行料金を払った人だけが利用できる特別な施設という位置づけではなくなりました。一部には「ぷらっとパーク」がない場所もありますが、それは一般道路からのアクセスが困難な場合や用地の問題で外に専用の駐車場を設けるのが難しい場合などです。

ＮＥＸＣＯ中日本だけでなく、日常生活の中にサービスエリアやパーキングエリアを取り入れるスタイルは他のエリアでも実施しています。具体的には、一般道路から入ることができるゲートに名前をつけて、地元の人々にも気軽に利用してもらえるように駐車スペースを造り、ゲートまでの道のりを整備して分かりやすく標識を建てるなどの工夫をしています。NEXCO東日本は「ウォークインゲート」と呼び、NEXCO西日本は「ウェルカムゲート」と呼んでいます。

サービスエリアやパーキングエリアを利用する上で注意する点は、高速道路側から入った人は、ぷらっとパークなどからゲートの外や一般道路に出ることはできません。また、子どもだけでゲートを使ってサービスエリアやパーキングエリアに入ることはできません。サービスエリアを駐車場代わりにして、ゲートの外に出ることも禁止されています。

サービスエリアやパーキングエリアでお酒を売ってないの？

結論から言いますと、サービスエリアやパーキングエリアではお酒を売っていません。ですが、最近はノンアルコールビールを販売するサービスエリアやパーキングエリアも増えてきました。高速道路でアルコールの販売は名目上自主規制となっていますが、これは警察からの指導によるものです。そのため、東名高速と名神高速のサービスエリアにあるレストインほか、高速道路にある宿泊施設においても、アルコールの取り扱いは行っていません。

高速道路のインターチェンジに入って、サービスエリアで休憩中に運転手がアルコールを飲んでそのまま駐車場で仮眠を取るとしても、高速道路上にいる限りは「旅の途中経過」という状態のため、高速道路でアルコールを摂取する行為は道路交通法違反（飲酒運転）となります。

ほかにもまだあるコンセプトサービスエリア&パーキングエリア

ＮＥＸＣＯ３社のサービスエリアやパーキングエリアのコンセプトをまとめました。

ＮＥＸＣＯ東日本ではサービスの向上を目指す「礎づくり」とそこでしか食べられない地元ならではの食材を使ったメニューや地域と連携をして魅力的かつ個性的なサービスを目指す「華づくり」の二つを追求しています。

ＮＥＸＣＯ東日本が展開している「ＰＡＳＡＲ（パサール）」は建屋の外側と内側の照明に変化をつけて、気持ちの落ち着きをもたらし、ゆっくりと休憩できる空間を作っています。さらに建屋の中は入口から入ったら必ず出口、元来た場所に戻ることができるように人の動線をよく考えて造られているると訪れるたびに感動します。

ＮＥＸＣＯ東日本エリアの「ＹＡＳＵＭＯＣＣＡ（ヤスモッカ）」やＮＥＸＣＯ西日本エリアの「モテナス」は、日常会話の中でも登場するワードが織り込まれているので覚えやすく親しみやすい気がします。二つはエリアこそ違いますが、気軽さとビジネスユーザ

NEXCO3社のコンセプトSAPA

エリア名	商業施設名	コンセプト内容
NEXCO東日本	PASAR（パサール）	旅の途中に立ち寄ってほっと一息つける場所としてパーキングエリアにリラクゼーション施設を充実。
	ドラマチックエリア	クルマの旅から生まれるドラマをテーマに目的地へ向かう途中も楽しめる地域ならではの特産品を取り揃えた施設を展開。
	テーマ型エリア	テーマパークと同様な世界観を表現することで日常からかけ離れた安らぎの空間を提供。
	YASUMOCCA（ヤスモッカ）	「休もうか」「休もうよ」と気軽に立ち寄れるいつもの雰囲気をコンセプトにトラックドライバーやビジネスユーザーに向けて主に展開。
NEXCO中日本	NEOPASA（ネオパーサ）	これまでの商業施設にはない全く新しい思想で一から造りあげた新東名高速だけの特別なブランドを展開。
	EXPASA（エクスパーサ）	地域色を生かしたメニューを取り入れて選ぶ楽しさや見る楽しさを提供。
NEXCO西日本	PAVARIE（パヴァリエ）	旅の目的地となるように地域の有名店や専門店を集めた複合商業施設を展開。
	モテナス	温かみのある手作り感をコンセプトにリーズナブルなワンコインメニューをパーキングエリアで展開。

ー向けという点では共通しています。

NEXCO中日本が「NEOPASA（ネオパーサ）」だけで実施している「MATAKITE（マタキテ）カード」は新東名高速のサービスエリアまたはパーキングエリアでお得な特典が受けられるカードです。再び立ち寄る機会を作ることで休憩施設を旅の行程へ取り入れる見事なアイディアです。

TOMEI MEISHIN
4-04

高速道路の外へ、外から！ハイウェイオアシスとは？

ハイウェイオアシスは、高速道路のサービスエリアやパーキングエリアに隣接する都市公園の機能を兼ね備えた、高速道路会社以外の企業や市町村、第三セクターが運営している地域密着型のレクリエーション施設です。

高速道路と一般道路のどちらからも利用可能な施設で、２０１８（平成30）年7月現在、全国で27か所あります。ローマ字表記でＨＯまたはＨＷＯと略されます。

ハイウェイオアシス第一号は？

ハイウェイオアシス構想は１９８５（昭和60）年頃から考えられていました。最初に具体化されたのは、長崎道にある金立《きんりゅう》ＳＡです。その頃は、ハイウェイオアシスではなく「フリーウェイオアシス」と呼ばれていました。長崎道の建設にあたり、本線建設予定地及び周辺で縄文時代晩期から弥生時代前期の支石墓と5世紀から6世紀頃の古墳群が発掘され、これらを全て近隣に移設、保存する計画が持ち上がりました。それが佐賀県佐賀市にある久保泉丸山遺跡です。

この遺跡を高速道路のサービスエリアを降りずに見学することができないかということで、当時の日本道路公団関係者がサービスエリアから人の行き来できる出入口を造りました。金立SAの場合は、午前9時から午後5時まで徒歩で駐車場の外にある北部山麓自然公園に行くことができるシステムです。

これが後に高速道路からも一般道路からも利用できるハイウェイオアシスの原型となりました。

金立SAは高速道路を利用する人の疲れを癒す「オアシス」として全国で最初に高速道路の外へ出ることを許されたサービスエリアなのです。

金立SAをきっかけにフリーウェイオアシス構想が実現化され、1987（昭和62）年8月10日にフリーウェイオアシスからハイウェイオアシスに名称変更、1990（平成2）年3月30日に日本で最初のハイウェイオアシスとして、北陸道に徳光《とくみつ》ハイウェイオアシスがオープンしました。

TOMEI MEISHIN 4-05

利用者の多くは近隣の人たち!?観覧車のある刈谷ハイウェイオアシスの秘密

刈谷《かりや》ハイウェイオアシスは、高速道路と一般道路のどちらからもアクセスが可能で、刈谷市と刈谷ハイウェイオアシス株式会社、第三セクターの株式会社オアシスタウン刈谷が管理運営する「地域密着型都市公園＋パーキングエリア」として、２００４（平成16）年12月４日に誕生しました。

刈谷市で公園を造る計画があった際、ちょうど伊勢湾岸道のこの地にパーキングエリアを造る計画が持ち上がりました。刈谷市としては、高速道路でしか使えないパーキングエリアではメリットがないということで、当時の日本道路公団と協議の結果、都市公園とパーキングエリアを一体化させたハイウェイオアシスとして整備をしたらどうかという話になりました。そこで誕生したのが刈谷ハイウェイ

刈谷ハイウェイオアシスとシンボルの大観覧車

オアシスです。

刈谷ハイウェイオアシスを訪れる人のほとんどは近隣の住人です。中でも一番多いのは、名古屋市の南部の住人です。訪れただけでは来場者数にカウントされず、お土産購入や飲食をしてレジに通した回数を1人としてカウントしています。

ランドマークの「観覧車」

刈谷ハイウェイオアシスのランドマークは観覧車です。高さ60mで1周約12分間、伊勢湾岸道の刈谷市の景色を一望できます。夜は7色のイルミネーションでライトアップされます。観覧車ゴンドラのうち四つだけは椅子も床もシースルーになっており、メディアでもたびたび紹介され話題となっています。春夏秋冬楽しむことができるように夏はクーラーが、冬は暖房が用意された至れり尽くせりの観覧車です。

観覧車は遊園地にあるという認識が多い中、高速道路を降りずに遊園地に行った気持ちにさせてくれるのは、子どもだけでなく大人の心も楽しませてくれる要素満載です。

非日常的な空間「デラックストイレ」

話題作りのためにデラックストイレは造られましたが、利用者のことを一番に考えた施設です。当時の高速道路のトイレは綺麗ではないところが多かったため、トイレが綺麗というのを売りにしたところ予想以上に反響が大きく、デラックストイレを見たいという人が全国から訪れました。

高速道路の利用者が一番の目的とする場所はトイレなので、ゆっくりと寛げるスペースにしたいという思いがありました。ただ単に驚きで終わるのではなく、利用者にあっと言わせたい、非日常的な空間を創りたいということで造ったのがデラックストイレです。

デラックストイレが登場してからまもなく日本道路公団が民営化されました。この直後から、高速道路の休憩施設におけるトイレの価値観が変わりました。高速道路のトイレが綺麗になったのは刈谷ハイウェイオアシスがきっかけだったのは言うまでもありません。

デラックストイレ女性用。トイレとは思えない美しい雰囲気に驚きます。（写真提供：刈谷ハイウェイオアシス株式会社）

女性用のデラックストイレは数年に1回模様替えをしています。2018（平成30）年7月現在、これまでに3回の模様替えを行い4種類目のパターンです。中央にあるソファー席のレイアウトを変え、パウダールームを新しくするなど改修工事も行われました。

男性用のデラックストイレは金属の質感をメインにしたメタリックが特徴です。正面に箱庭を造り癒しの空間と他のトイレとは違う特別感を強調させています。箱庭は地元の農林高校の生徒が手がけていて、季節ごとに模様替えをしています。

刈谷ハイウェイオアシス解体新書

中央にある「セントラルプラザ」は3階建てで、刈谷ハイウェイオアシス株式会社が管理運営しています。

1階の部分は「高速道路フロア」と呼ばれていて、床は絨毯が敷かれています。近年のサービスエリアやパーキングエリアは鏡面床が多い中で、刈谷ハイウェイオアシスは敢えて絨毯にしているのは、高速道路で運転に疲れた人に少しでも足のクッションになるようにということからです。絨毯は管理やメンテナンスが大変ですが、利用者を思う気持ちと非日常的な空間を創るというこだわりです。

また、煌びやかな明かりで照らされた休憩施設が多い中、セントラルプラザの照明を落とし、わざと建物の内装を暗くすることで、運転手の心をリラックスさせる効果を上げています。

刈谷ハイウェイオアシスは高速道路の休憩施設という位置づけではありませんでしたが

利用者が増えたのでフロアの通路を広くし、席数を増やして利用者が快適に休憩できる場所を確保しました。

セントラルプラザの一角にあるお土産コーナーは東海地区のものを一堂に揃えているため、他のエリアとは一味も二味も変わったものが置いてあるので目が離せません。刈谷ハイウェイオアシスオリジナル商品も打ち出しており、お土産を買うために訪れる人も少なくありません。

勉強や読書をする人の姿もあり

奥の階段を降りると「公園側フロア」に行くことができます。

ここには産直市場があり、新鮮な魚や地元で採れた野菜を中心とした鮮度の高い特産品を購入することができます。デリカコーナーやベーカリーといった地元の食材をふんだんに使った総菜屋さんやパン屋さんも人気があります。野菜や果物は新鮮な上に価格も安いので、朝早くに一般道路から来て買い物をする地元客がたくさんいます。

セントラルパーク3階はコミュニティスペースとして利用が可能です。読書を楽しむ人、勉強をする人、弁当を食べる人など思い思いの時間を過ごしています。刈谷ハイウェイオアシスは地元高校生のために勉強できる空間を無料で提供しているのです。日常の時間をいつもと違った場所で過ごすので勉強もはかどりそうです。

また、刈谷ハイウェイオアシスには天然温泉かきつばたの湯があります。かきつばたは天然記念物に指定されていて刈谷市の花にもなっています。この温泉は地元の人が多く利用します。

かきつばたの湯にはレストランがあり、温泉に入らなくてもレストランの利用が可能です。ランドマークである観覧車を眺めながら「刈谷ハイウェイオアシス丼」という観覧車をモチーフにしたメニューを楽しめます。

テナント撤退率が低い理由とは？

セントラルプラザには、地域で人気のテナントによる飲食店が立ち並んでいます。サービスエリアやパーキングエリアのテナントは入れ替わりが激しく、お気に入りの店を見つけても次に行ったときはその店がないということが多々ある中、刈谷ハイウェイオアシスのセントラルプラザにあるテナントは、オープン当初からほとんど入れ替わりがありません。そのため固定客が着きやすく、自然とリピーターが増える仕組みです。これはお気に入りの店を見つけた利用者にとってありがたい話です。

刈谷ハイウェイオアシスを立ち上げた際、ここで本当に事業ができるのかという不安がありました。そんな中、手を挙げてくれたテナントがいました。そのテナントに対しての敬意がオーナーの考えで、売り上げが落ちたら撤退ということはありません。そこから自然とテナント間で団結力や結束力が結ばれ、フロア全体で売り上げを伸ばそうと努力していい関係を築くスタイルになりました。

飲食スペースでの水はセルフサービスなのですが、テーブルに水がない客に他のテナントのスタッフが水を置いてくれるなど心遣いに驚きます。今まで様々なサービスエリアやパーキングエリア、ハイウェイオアシスを利用してきましたが、こんなに心配りが行き届いた施設はここだけです。

岩ヶ池公園は乗りものがあるのでファミリーに人気です

乗り物の遊具が安い理由とは？

刈谷ハイウェイオアシスは2008（平成20）年4月に人々が気軽に立ち寄れる遊びの空間として、岩ヶ池公園エリアを拡大しました。そこにはゴーカートやメリーゴーラウンドなど大人から子どもまで楽しめる遊具を造りました。

この遊具の利用料金は1回100円です。11枚綴りの回数券は1000円で購入できます。安さの秘密は岩ヶ池公園エリアを刈谷市が管理運営しているからです。刈谷ハイウェイオアシスは都市公園として刈谷市民に還元しているので設定価格が安いのです。

刈谷ハイウェイオアシスの来場者数が増えたのは、岩ヶ池公園エリアの拡大と施設の充実による効果が大きいのです。

メディアによるランキング「全国3位のテーマパーク」は間違い!?

テレビをはじめとするメディアなどで「全国3位のテーマパーク」として紹介されることがありますが、刈谷ハイウェイオアシスは地域密着型都市公園＋パーキングエリアであり、テーマパークでも遊園地でもありません。

刈谷ハイウェイオアシスは来場者数を刈谷市に報告していますが、公には数字として公表していません。しかし、情報をどこかで入手したあるテレビ局がテーマパークランキングとして公開しました。そこには、東京ディズニーリゾート、ユニバーサル・スタジオ・ジャパン（USJ）に次いで刈谷ハイウェイオアシスが第3位として紹介され、第4位の長島スパーランドの来場者数よりも多いという結果でした。

刈谷ハイウェイオアシスは利用者数を、レジや遊具の券売機に通した回数を1カウントとして取っているため、何人で訪れてもレジのカウントが1回ならば1人、レジを通さなければ0としてカウントされます。したがって、利用者数と来場者数の数は一致しません。また、長島スパーランドが第4位として出された統計は、ジャズドリーム長島、なばなの里などを含めた長島リゾートの数をカウントしていないため、この数字は実態を表していません。

刈谷パーキングエリアと高速道路の標識について

伊勢湾岸道刈谷パーキングエリア上下線の敷地はNEXCO中日本ですが、建屋と管理運営は刈谷ハイウェイオアシスの子会社、オアシスタウン刈谷です。

また、上り線のフードコートを名鉄レストハウスが営業し、下り線のフードコートを近鉄パークハウスが営業しています。ガソリンスタンドは上下線とも24時間営業です。

伊勢湾岸道に設置されている標識のマークは、刈谷パーキングエリアの施設を示していて、ハイウェイオアシスの内容を表示しているものではありません。

標識は刈谷パーキングエリアの内容を表しています。ハイウェイオアシスの内容ではないので紛らわしいです

TOMEI MEISHIN
4-06

サービスエリアやパーキングエリアファンが集まる「日本サぱ協会」とは？

日本サぱ協会（http://n-sapa.com/）は、サービスエリアやパーキングエリアが好きな人たちが集まるファン協会で、２０１４（平成26）年10月28日に発足しました。通称は「ＮＳＡＰＡ（エヌサぱ）」です。

会費は無料で「ｆａｃｅｂｏｏｋ　日本サぱ協会のページ」に「いいね！」をすると誰でも会員になることができます。高速道路が好きでサービスエリアやパーキングエリアを全力で楽しむことが会員の条件です。一般人の会員はもちろんのこと、高速道路会社や関連関係者まで分け隔てなくコミュニケーションできる場を作っています。

協会名は、サービスエリアとパーキングエリアの頭文字であるとともに「ＳＡ・ＰＡ」をそのままローマ字読みしたものにかけています。「サービスエリア・パーキングエリア」というと長いので「サぱ」と呼ぶと2文字で済むことからですが、元々は携帯電話のメールのやり取りで文字数制限があった時代、略して「サ（ＳＡ）」「パ（ＰＡ）」を使っていたことがきっかけです。

「サ」を片仮名「ぱ」を平仮名にしたのは、サービスエリアとパーキングエリアの明確な違いがなくなりつつある現在、本来の目的や意味を考えて立ち寄る意識からです。

協会では、ハイウェイオアシス（HO）も「サぱ」の中に含めています。本来、ハイウェイオアシスは事業形態が違うため含んでいなかったのですが、刈谷ハイウェイオアシス株式会社より「サぱの中に入れて欲しい」という意見をいただいたので含めることにしました。サービスエリアとパーキングエリア、ハイウェイオアシスの違いを明確にした上で統計をとり、高速道路会社ごとの各合計を算出しています。この数字はたびたびメディアなどに取り上げられます。

サぱで休憩する「サービスエリア・パーキングエリアにて」の造語から、協会員を「サパニティ（SAPAnity）」と呼びます。

サぱの日（3月8日）

毎年3月8日を「サぱ」という語呂合わせから「サぱの日」として記念日登録しています（日本記念日協会）。この日は積極的に休憩施設に立ち寄る日としており、サぱに興味関心を持ってもらうとともに、その土地の文化に触れる日としています。意識して休憩することで安全かつ快適に高速道路が利用できることに繋げる活動をしています。
また、3月はサービスエリア月間、8月はパーキングエリア月間、8月10日はフリーウェイオアシスからハイウェイオアシスになった日であることから「ハイウェイオアシスの日」として、サパニティ同士で様々なイベントを企画プロデュースしています。

文化を発信する高速道路のパビリオン

サぱの情報は生ものです。その時に楽しまないと味わうことができないので通り過ぎるのはもったいないというのがサパニティの考えです。サぱに行けばその土地の文化がわかる高速道路のパビリオンのような施設なので、旅の途中も楽しみながら極力立ち寄ることを目標としています。全国のサぱ情報を網羅すべくサパニティ同士で情報交換を行っています。

年1回、支部長とサパニティを中心とした「ハイウェイサぱミット」というサミット会議を開いています。これは「高速道路がよりよくなるために自分たちにできること」をテーマに協会内で意見交換したものをメディアや会社に提供しています。これまで提案した内容やアイディアは実際にサービスエリアやパーキングエリアで採用されました。

日本サぱ協会の聖地

日本サぱ協会の聖地とは、高速道路利用者に立ち寄りポイントとして特にお勧めできる「優良サぱ」を聖地として認定しています。協会独自の審査基準（基準値は非公開）に基づき認定証を発行し、日本サぱ協会推奨として利用者やメディアへ積極的に紹介宣伝しています。２０１８（平成30）年7月現在、東名高速駒門ＰＡ上り線、鮎沢ＰＡ上下線、東名阪道大山田ＰＡ上り線、首都高速川口ＰＡ上りを認定しました。

「アメリカンドッ君」をメイクアップ！

日本サぱ協会の聖地、東名高速駒門ＰＡ上り線には「アメリカンドッ君」というキャラクターがいます。富士山の伏流水を使って1本1本丁寧に作られたアメリカンドッ君は、熟練の方の手によって綺麗に押された顔の焼き印がついています。

協会では、ケチャップとマスタードを使ってデコレーション（メイクアップ）することを推奨しており、いわゆる「ＳＮＳ映え」という言葉が流行する前から独自で行っていた「サぱを楽しむ方法」の一つです。気軽に写真を投稿できる最近では、これをやりたくてパーキングエリアに立ち寄る人もいます。

日本サぱ協会の聖地「東名高速駒門PA上り線」

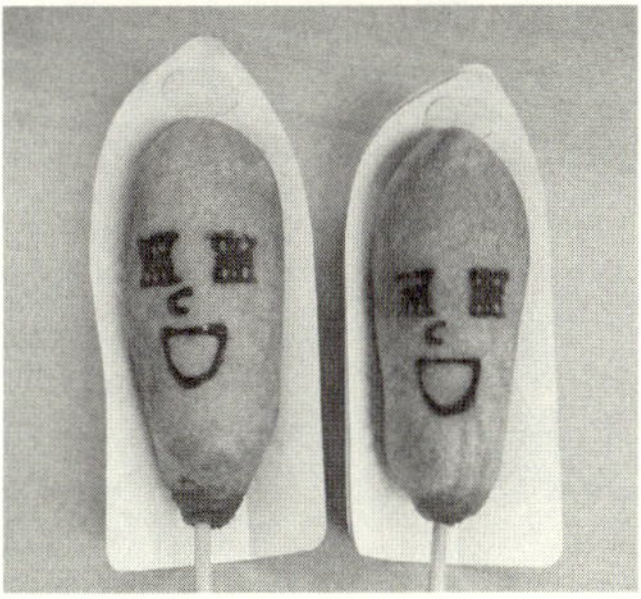

焼き印は熟練スタッフによる技が必要。ケチャップとマスタードを使って「メイクアップ」

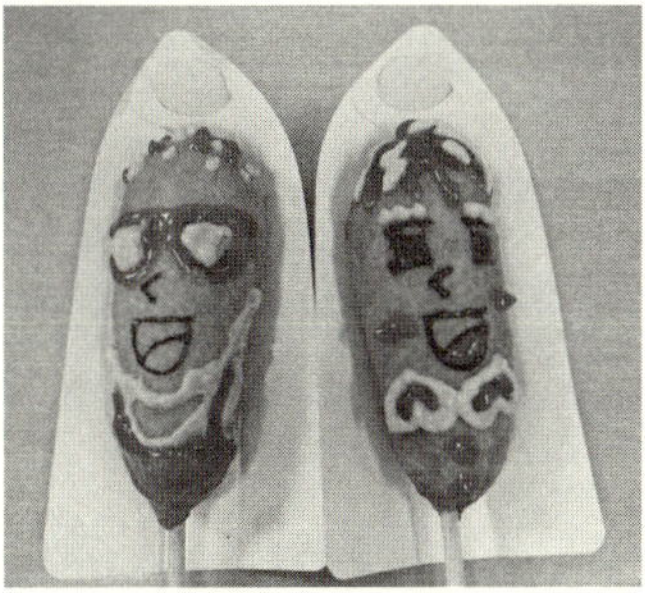

TOMEI MEISHIN
↖ 4-07

スタンプ台の色が違うって気づいてた？ハイウェイスタンプを集める楽しみ

高速道路を使った旅やドライブの楽しみ方の一つにハイウェイスタンプがあります。スタンプの設置されている場所は各高速道路会社によって異なりますが、スタンプの絵柄はその土地の名物や文化にまつわるものを表したオリジナルデザインです。スタンプ台の色は上り線が赤色、下り線が青色、上下集約が緑色ですが、第三セクターはスタンプ台の色や規格が個性的で収集意欲をかきたてられます。

スタンプ帳は各高速道路会社が管轄するエリアで販売していますが、ＮＥＸＣＯ西日本エリア、阪神高速道路エリア、本州四国連絡高速道路エリアは3社が合わさったスタンプ帳となっているため、範囲も広いですが収集し甲斐があります。

サービスエリアは24時間営業のためほとんどの場所で押せます。一方でパーキングエリアは閉店時間があるので難易度が高いです。最近のパーキングエリアでは、ハイウェイスタンプを収集している人を気遣って24時間オープンの建屋にある自動販売機前に設置しているところや、わざわざ閉店時にスタンプ台だけ外に出してくれるところもありますが、中にはフードコート内にあって時間帯によっては押せないところもあるので、事前の情報収集をお勧めします。

左ルートでしか押せない東名高速「鮎沢PA下り線」

東名高速下り線の左ルートにある鮎沢ＰＡ下り線はいわゆるレアなスタンプがあるパーキングエリアです。スタンプ収集を目的に立ち寄りたい人は、東名高速「大井松田ＩＣ～御殿場ＩＣ」区間では左ルートの選択を迫られます。スタンプは下り線なので青色に「左ルート」と文字が入っているのがポイントです。24時間スタンプを押せるように外にスタンプ台を置いてくれています。

「左ルート」と入っているのがちょっぴり特別な気持ちになります（東名高速鮎沢PA下り線）

上り線は赤色、下り線は青色、上下集約は緑色が基本です（東名高速駒門 PA 上り線）

スタンプ帳はコンシェルジュまたはインフォメーションで購入できます（NEXCO 中日本のハイウェイスタンプ帳）

TOMEI MEISHIN
4-08

休憩施設を運営する「ジェイサパ」と「ハロースクエア」とは？

名神高速ができた頃の日本道路公団では、休憩施設にあるレストランやガソリンスタンドの経営をどのような形態で行うか検討をした結果、接客サービスのプロに任せることが一番と考え、業者を民間企業から公正に選んで営業を行っていました。

この頃の日本道路公団は、サービスエリア全体の指導監督という位置づけでしたが、サービスエリア駐車場の清掃やごみの処理、さらに道路交通情報の案内といったように、休憩施設全体の運営に必要な業務も行っていましたので、予想以上に大変でした。

そこで、1965（昭和40）年5月にサービスエリアやパーキングエリアの休憩施設を公正に効率的に運営するという目的で「財団法人道路施設協会」が設立されました。同年の7月には日本道路公団に代わって、名神高速の養老SA、多賀SA、吹田SAに仮設売店を設置したのが事業の始まりでした。このあとは東名高速、中央道などの各サービスエリアやパーキングエリアへ事業を広げていき、道路案内や清掃などの利便性向上に努めました。

しかし、サービスエリアやパーキングエリアの利用者からサービスエリアの食事が美味しくないといった意見や、トイレの数が少ないため行列ができるという意見も多く出され、サービスが行き届いていないという指摘を受けることがありました。

そういった利用者の意見もあり「競争原理の導入」として、財団法人道路施設協会は1998（平成10）年10月1日に「財団法人道路サービス機構（以下、ジェイサパ）」と「財団法人ハイウェイ交流センター（以下、ハロースクエア）」とに分割しました。具体的には一つの路線で、サービスエリアの運営をジェイサパとハロースクエアで概ね交互に任せて競争させるということでした。

ジェイサパとハロースクエアそれぞれの古いエリアガイドを見ると、自社が運営するサービスエリアやパーキングエリアの〇の文字をオレンジに塗りつぶして強調していることがわかります。エリアガイドに使われている表紙の写真や路線名は同じですが、表紙の写真のトリミングがお互いで多少違ったり、文字のレイアウトや、背面の広告案内が各財団のスローガンを打ち出していたり、それぞれの財団がお互いを意識して作っていたということが伺えます。

また、ちょうどこの頃にサービスエリアやパーキングエリアの運営に第三セクターの参入が可能となったため、ジェイサパとハロースクエアはサービスエリアやパーキングエリアの評価を落とさないためにも、食材に拘ったメニューの提供やエコロジー活動に取り組むなど様々な努力をしていました。

以前にあった「こんなサービスエリア」

名神高速の多賀SA上り線にはかつて、急いでいる時に手早く食事をしたいという人をターゲットにした回転寿司屋がありました。ネタは、まぐろ、はまち、いかのほかに、うに、あわび、うなぎ、かずのこといった高級品も合わせて30種類ありました。2018（平成30）年7月現在、回転寿司屋は、関越道の三芳《みよし》PA上り線にあります。

サービスエリアではティーサービスを行っており、お茶や水を無料で飲むことができますが、それ以外にもかつて東名高速の牧之原SA上り線にはティールームがありました。その名も「茶夢《サム》タイム」です。茶室風の席が設けられていて本格的な玉露を味わうことができました。

現在ティールームはありませんが、お土産コーナーの一角でお茶の詰め放題を実施しています。地域の特性を生かしたという点で牧之原SAは道路公団時代から現在に至るまでブレていません。

第5章

高速道路を取り巻くアレコレ

走っていても気づけなかった!?

TOMEI MEISHIN 5-01

どこで聞ける？ 何分くらい聞ける？ ハイウェイラジオ1620kHzの秘密

東日本・中日本・西日本高速道路（NEXCO3社）のエリアで放送されている「ハイウェイラジオ」は、高速道路の交通情報をいち早くドライバーに知らせる情報手段として、1983（昭和58）年12月1日に東名高速で実用化されたのが最初です。

ハイウェイラジオは、何kmごとに設置されるというのは決まっていませんが、設置区間は、ジャンクションや主要インターチェンジの手前です。「ハイウェイラジオここから」「ハイウェイラジオここまで」と表示されている区間で、AMラジオ1620kHzに合わせて聴くことができます。情報は5分おきに更新されるので、常に最新の高速道路交通情報を知ることが可能です。

ハイウェイラジオの放送は、中央分離帯や路肩にある「空中線」からの電波で配信しており、情報が3回くらい聞ける距離としておよそ3kmの区間をとっています。ハイウェイラジオの放送時間は60秒が基本ですが、事故が発生するなど情報が長くなると120秒に

「ハイウェイラジオここから」の表示（伊勢湾岸道）

延長します。交通が集中するエリア、たとえば名神高速の米原ＪＣＴなど情報が集まる場所では特に重要な情報を選んで流しています。

情報については、高速道路管制室に集約されたものを元に音声合成プログラムによって放送しています。音声として登録されている単語は約５０００語です。

ハイウェイラジオの音声「第一報が入りました」はドライバーからの電話連絡による報告を元に流しています。

１９８８（昭和63）年よりハイウェイラジオ案内板の標識に、通行止情報、渋滞情報、事故情報を判別できるようにＬＥＤで表示されるようになりました。

TOMEI MEISHIN 5-02

高速道路標識はなぜ緑色？一般道路の「青」との違い

高速道路は車のスピードが一般道路と比べて速いため、標識を瞬時に判読する必要があります。なので、高速道路上では大型の標識が設置されています。では、高速道路の標識が緑なのはなぜでしょうか。

高速道路の建設が検討された当時、海外の高速道路では、青、緑、茶、黒の標識に白の文字で表示する形式が採用されていたため、日本の高速道路においてもこれらを取りいれることとなりました。そこで１９６１（昭和36）年5月に財団法人高速道路調査会の標識分科会が発足し、その中で高速道路の標識についての研究が行われました。

1年11か月間かけて、心理的効果、目立ちやすさ、文字の大きさ、視認距離、判読時間などの実験を行った結果、最終的には青と緑の2色に絞られました。青はドイツのアウトバーンで用いられているのですが、夜間時にヘッドライトの照明では緑に見えることや、緑の多いところでは緑より目立つことがわかりました。

また、アメリカの州間高速道路の標識は緑で、昼間の印象は青に比べると弱く、夜間時にヘッドライトの照明で明るい緑となるため、緑の方が環境との調和がよく美しいなどの意見が上がりました。

青と緑いずれの意見も一長一短があり、どちらに決めても大きな欠点はないのですが、青は夜間時にヘッドライトに照らすと緑に見えることや一般道路の青と区別をつけるため、１９６３（昭和38）年４月に高速道路の標識は緑に統一することが決定しました。

標識テスト（日本道路公団30年史より）

標識視認性試験（日本道路公団30年史より）

ＮＥＸＣＯ３社の総合研究所が扱う高速道路特有の事象や技術とは？

東日本・中日本・西日本高速道路（ＮＥＸＣＯ３社）は総合研究所を持っています。それが、株式会社高速道路総合技術研究所「ＮＥＸＣＯ総研」です。高速道路の調査、研究及び技術開発を行うために２００７（平成19）年４月にＮＥＸＣＯ３社が共同出資して設立されました。

本社は東京都町田市で、緑化技術センターが滋賀県湖南市にあります。

謎に包まれたカラー「グレー」

ＮＥＸＣＯのブランドネームは会社の英語表記「Nippon Expressway Company Ltd.」の頭文字をとって「ＮＥＸＣＯ」です。ＮＥＸＣＯ３社にはコーポレートカラーがあります。各社のカラーは次のとおりです。

・ＮＥＸＣＯ東日本　ネクスコ・グリーン

ＮＥＸＣＯ中日本管理ハウスで地域性苗木を育成

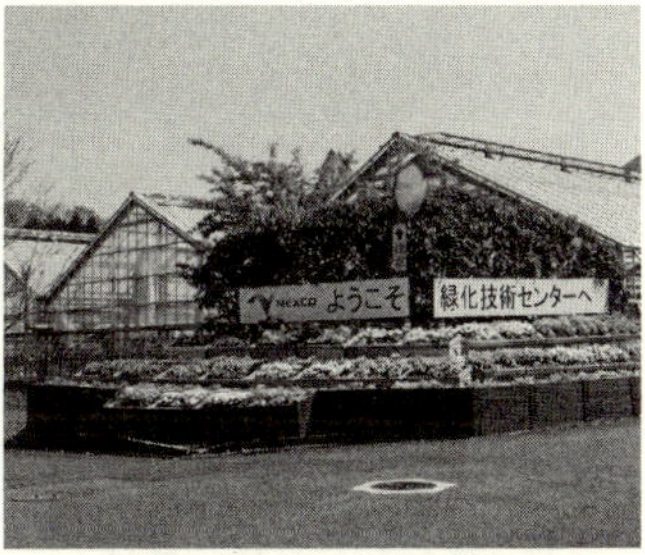

ＮＥＸＣＯ総合技術研究所の緑化技術センター

・ＮＥＸＣＯ中日本　ネクスコ・オレンジ
・ＮＥＸＣＯ西日本　ネクスコ・ブルー

ＮＥＸＣＯ総研のコーポレートカラーは「グレー」です。他のエリアと比べるとＮＥＸＣＯ総研は地味な気がします。ＮＥＸＣＯ総研のコーポレートカラーは、３社のどこにも属していないということで「グレー」を指定した説がある中で、３社の色を混ぜると「グレー」になるという説もありますが、今となっては誰も知る人がいないので謎に包まれたカラー、まさに「グレー」なのです。

緑化技術センターの役割

１９５７（昭和32）年９月に名神高速試験所が京都市東山区山科町に開設されました。名神高速は自然と調和させることを念頭に造られる中で、緑を増やす計画が持ち上がったため、１９５８（昭和33）年、滋賀県甲賀郡石部町（現・湖南市）に石部分室を設置することになりました。

ユニット苗と釘で固定されている図（NEXCO総研資料より）

これが現在の緑化技術センターです。

緑化技術センターでは、高速道路建設予定地の生態系や自然保護のために、建設予定地周辺の樹木から種を採取し、発芽から苗木になるまでの2年ないし3年を緑化技術センターの苗木生産ハウスで育て、再び建設予定地に帰して元の自然に近づけるという「地域性苗木」の育成を行っています。

苗木の植栽を最初に行ったのは名神高速の菩提寺《ぼだいじ》ＰＡでしたが、地域性苗木の導入は１９９６（平成８）年に東京都の裏高尾地区で行われたのが最初でした。緑化技術センターでは地域に自生している樹木を育成しているため、市場に流通していない樹木も多く取り扱っています。

「ユニット苗」という主に切土《きりど》法面《のりめん》に植えられる地域性苗木は、ＮＥＸＣＯ３社が特許を保有する座布団状の袋に苗木を育成しています。この袋の底が不織布で作られているため、網目から根が出て地盤へ伸長する仕組みです。袋から出さずに袋を釘で固定するだけで植えつけることができます。

ちなみに法面とは人工的に造られた斜面のことで、高い地盤や斜面を切り取って地面を低くした「切土」と、低い地盤や斜面に土砂を盛って高くした「盛土《もりど》」によって形成された地形のことです。

ハイウェイガーデンプロジェクト

サービスエリアに発送予定の植物

高速道路に植えられている草花は緑化技術センターから発注された植物も多く、それらはサービスエリアやパーキングエリア、インターチェンジの花壇にも植えられています。植物はその土地の気候や地域環境にあったものが選ばれるため、必ずしもＮＥＸＣＯ３社で同じ植物が植えられているとは限りません。

草花は年４回、１シーズンおよそ40万株、年間１５０万株から１６０万株を緑化技術センターの草花生産ハウスで育て、ＮＥＸＣＯ３社から注文が入った時に出荷します。草花は運送料込みで１株80円程度と価格が安く、ホームセンターにも負けない価格で購入できるというのが緑化技術センターの強

日本道路公団時代の石碑に「石部植栽場」と刻まれています

みになっています。

この花を使った取り組みとして、NEXCO東日本のサービスエリアやパーキングエリアでは2015(平成27)年1月から、花と緑のやすらぎをテーマに「ハイウェイガーデンプロジェクト」通称「花プロ」を発足、サービスエリアやパーキングエリアを緑あふれるエリアにする整備が進められてきました。

花を見ることは運転の疲労回復に効果があるという研究結果が実証されており、2018(平成30)年7月現在、ハイウェイガーデンとして23か所がオープン、NEXCO東日本エリアで合計36か所の整備が予定されています。

排気ガスに強い植物「ナツヅタ」

高速道路の中央分離帯には対向車のライトを遮るための遮光板が設けられています。かつてはその役割を中分植栽のネズミモチやウバメガシなど、排気ガスに強い植物が行っていました。しかし、高速道路の交通量が増えたことにより、樹木のメンテナンスや伐採作業で車線規制を行うのは難しいとされ、中分植栽による遮光をやめました。

名神高速が開通した当初、遮音壁はありませんでした。最初に導入されたのは八日市IC付近で素材はスチール製の遮音壁でしたが、その後遮音壁の必要性が本格化してからはコンクリート製で統一タイプのものが生まれました。

しかし、遮音壁は自然との調和を考えられた名神高速の雰囲気には合っていなかったのと、視界が単調で運転者が飽きてしまうという意見が出されたため、遮音壁に絵を描いてみたり、植物で覆ってみたり様々な工夫をしましたが、どれもいま一つで植物に関しては枯れてしまうことがありました。

高速道路に植える植物は車の排気ガスに強い品種でなければなりませんでした。また、その数は大量に必要でした。そこで目をつけたのが「ナツヅタ」という品種のツタ植物でした。ナツヅタは落葉広葉樹で繁殖力が強く、耐寒性もあり、土質も選ばない植物です。

総研のナツヅタはもうこれだけしかありません

ナツヅタの繁る倉庫

さらには吸盤がコンクリートにも付着するので、遮音壁を覆うにはピッタリな植物でした。そのナツヅタは、甲子園球場にありました。

そこで、甲子園球場の責任者にお願いして種を採取しました。種を緑化技術センターである程度の大きさになるまで育てました。ナツヅタはみるみるうちに大きくなり、種からたくさんの枝が延び増えていきました。このナツヅタを使ってコンクリートの遮音壁を緑のツタのある遮音壁にすることができました。

ナツヅタは2001（平成13）年まで緑化技術センターで育成し、NEXCO3社に出荷していましたが、コンクリートの遮音壁が減った今となっては、ナツヅタの育成はしていません。未だにナツヅタと一緒にコンクリートの遮音壁が残っている場所もありますが、いずれは消えてしまうかもしれない貴重な存在です。

TOMEI MEISHIN 5-04

意匠と工夫と機能の集大成
高速道路料金所「TOLL GATE（トールゲート）」

名神高速ができた当初、当然のことながらETCシステムはありませんでした。そもそも高速道路にお金を払うことが定着していなかったので、料金所を強行突破する車もありました。

名神高速料金所のデザインは建築家の坂倉準三氏です。高速道路のランドマークとなるように景観にこだわったデザインが採用されました。彼は、世界文化遺産に登録されている国立西洋美術館の基本設計を手がけた建築家ル・コルビュジエ氏の弟子のうちの一人で、国立西洋美術館の実施設計も担当しています。

また、1973（昭和12）年に開かれたパリ万博においては日本館の設計に携わり、1951（昭和26）年には神奈川県立近代美術館を設計しました。筆者が住んでいる名古屋にも彼が設計した建築物があります。近鉄ビル（近鉄パッセ）です。これは1966（昭和41）年に建てられたビルです。

東名高速富士ICに残るプレストレストコンクリート製の屋根

坂倉準三氏デザインのトールゲート。茨木IC（名神高速道路写真集より）

名神高速開通当初の料金所はＩＣの規模やレーン数が変わってもすぐに対応できるように、車線数を変更できるプレストレストコンクリート製の屋根を採用しました。その後、高速道路の全国展開と料金所で磁気カードシステムの導入と同時に、料金所は鉄骨造トールゲートに変更しました。

料金所の一段高くなっている部分を「アイランド」というのが正式名ですが、船の形に似ていることから「舟形アイランド」とも呼ばれています。このアイランドに箱型の「トールブース」が建てられています。

ある日、名神高速のとある料金所でブレーキが利かずにアイランドへ突っ込んできた車がいました。料金収受員がとっさにとった行動は頭を低くしてしゃがむことだけでした。突然のことだったので逃げることもできず、これが精いっぱいだったのです。車は速度を緩めることもなくぶつかってきましたが料金収受員は無傷で無事でした。アイランドの前方には衝突を防ぐためのコンクリートが流し込んであったため、トールブースも料金収受員も無事だったのです。トールブースは電車の車体と同じ箱型の構造で、近畿車輛や東横車輛電設（現在の東急テクノシステム）などの車両メーカーが造っていました。

この事故をきっかけにトールブースに防護支柱が造られ、さらに後方には避難ドアができました。これまでコンクリートでアイランドの前方を固めていたのですが、防護支柱を造ったことによりコンクリートで固めるのをやめました。

そして現在、ＥＴＣシステムが登場してからは、デザイン性重視の料金所になりました。

運転席のサンバイザーの思い出

自動車の運転席の頭上付近にあるサンバイザー、直射日光が当たるときに眩しさのあまり下げることがあるのですが、そのサンバイザーにはポケットがついていることがあります。かつてはそのポケットに高速道路の通行券を挟んでいました。

このサンバイザーが思っていたよりも活用できると、最近はサンバイザーに装着できるカードポケットが販売されていますが、ここにカードを挟む文化は高速道路でパンチカードシステムや、磁気カードシステムという料金収受方法をとっていた頃の名残です。料金所の入口でもらった通行券を挟んで、チェックバリア（検札所）ないしは料金所出口で渡すための一時的なポケットとしての役割を果たしていました。

サンバイザーポケットに通行券を挟んでいても「ない！　ない！」と慌てる人もいたのではないでしょうか。または、「確かにここに挟んでいたのだけれど……」と思っていたら実は口にくわえていた、落ちてフロントガラスに挟まっていたという経験をした人もいるのでは⁉　今となっては磁気カードを受け取る機会もないですし、ましてやパンチ式カードもないので、サンバイザーポケットがついている車に乗っている人は、謎のポケットになっていますね。

大型ショッピングモールで立体駐車場の駐車券を受け取った際、一時的に駐車券を挟む使い方もありますが、駐車券は持って店内へ行くことになっていても、つい挟んだまま店内へ行ってしまうというのは、高速道路の磁気カードシステム時代にサンバイザーポケットを活用していた人ではないでしょうか。サンバイザーポケットの役目はまだ終わらなさそうです。

TOMEI MEISHIN 5-05

いまはETCでノンストップが当たり前だけれど…高速道路歴代料金収受方法と不正との戦い

ＮＥＸＣＯ３社の２０１７（平成29）年度統計によると、ＥＴＣ利用率は、東日本90・6%、中日本91・9%、西日本88・4%で、かなり普及が進んでいます。２０１８（平成30）年7月現在、ＮＥＸＣＯ３社が管轄する料金所１１５４か所のうち、ＥＴＣゲートを導入していない料金所は１か所のみ（第二みちのく有料道路下田本線料金所・青森県）となっています。この数年間でいかにＥＴＣが普及したのかということがわかりますね。

ＥＴＣが普及してから高速道路の乗り降りはとても快適になりました。ＥＴＣがなかった頃、料金収受は人の手でやりますのでプロの方がやっていてもやはり混雑時には時間がかかるのです。

ここではＥＴＣカードが普及するまでに登場した様々なカードについて、歴史や事件、苦労などについて話します。

パンチカードシステム

名神高速の料金収受は、アメリカ合衆国で一番長い有料道路のニューヨーク・ステート・スルーウェイで実施されていたパンチカードシステムを導入しました。当時の日本は料金収受機械の開発をしていなかったため、料金収受機械をアメリカから輸入しました。

パンチカードの通行券には、各インターチェンジ名と車種別料金が全て掲載されていました。これを料金所の入口で受け取り、料金所の出口では料金収受員が機械処理をして料金を算出し、利用者が高速道路の通行料を払うというシステムになっていました。

後に開通した中央道や東名高速にもパンチカードシステムは導入されましたが、高速道路開通延長にともなって処理しなければならないICの数が増えたことにより、これまでのパンチ式カード1枚では処理しきれなくなりました。

そこで「チェックバリア（検札所）」を造ってここでパンチ式カードの交換を行うことにしました。しかし不正通行防止の決め手となる新しい料金収受システムの開発

入口 出口	一連番号	車種	月 日 時 分	係員

名神高速道路通行券

入口 NO.5 京都南

この通行券を出口の料金所で渡して下記の料金をお支払い下さい。（つり銭のいらないようお願いします。）

料金表

車種番号 / 代表車種 / 出口	1 軽乗用車 小型乗用車	2 普通乗用車	3 軽貨物車 小型貨物車	4 小型トレーラ 普通貨物車	5 トレーラ3軸	6 （4軸以上）トレーラ	7 バス（路線）	8 特殊自動車 バス（その他）	9 小型バス
1 西宮									
2 尼崎	350	400	350	500	750	950	700	950	500
3 豊中	300	350	300	450	650	850	600	850	450
4 茨木	200	250	200	300	450	550	400	550	300
5 京都南	[illegible]	[illegible]	[illegible]	[illegible]	[illegible]	[illegible]	[illegible]	[illegible]	[illegible]
6 京都東	100	100	100	150	200	250	200	250	150
7 大津	100	150	100	200	250	300	250	300	200
8 栗東	250	300	250	350	550	700	500	700	350
9 八日市	400	550	400	650	950	1,200	900	1,200	650
10 彦根	600	750	600	900	1,300	1,650	1,200	1,650	900
11 関ヶ原	750	950	750	1,150	1,700	2,200	1,600	2,200	1,150
12 大垣									
13 一宮									
14 小牧									

日本道路公団

- この通行券は、計算機にかけますので、紛失、折り曲げ、破損しないようお願いします。
- 紛失したときは、最も遠い入口からの料金をいただくことがあります。

パンチ式カード(名神高速建設誌より)

が課題となる面もありました。

相次ぐ不正通行とチェックバリア（検札所）の設置

日本道路公団が悩ませていたのは高速道路の不正通行でした。これは被害金額にして年間40億から50億と試算されています。

不正通行の手口とは、料金所入口で渡された通行券を、本線上のサービスエリアやパーキングエリア、バスストップ等で、反対側から来た通行券を持つ人と通行券を交換し、再び本線を通行して、交換で入手した通行券の券面上に書いてある入口料金所に近接した出口料金所から出ることにより、券面上の入口から出口までの料金を支払うことで、実際の利用区間の料金をほとんど免れるというものです。

１９７０（昭和45）年頃、日本道路公団職員は、サービスエリアやパーキングエリアで通行券の検札チェックをするなどの活動を行ってきましたが、不正通行はなかなか減りませんでした。

ちなみに、これまで何度か検討され実現に至らなかった、サービスエリアのオーバーブリッジ形レストラン案の導入が難しいのは法律だけでなく、こういった通行券の受け渡しを防ぐためという理由もありました。

豊橋のチェックバリア（検札所）を撤去しなかった理由の一つに、これを見た車が速度を緩めるという効果も（東名高速）

不正通行は長距離であるほど効果が大きく、特に中国道方面から来た車には、中国道と交差する茨木ＩＣのチケットが高く取引されており人気でした。また、不正通行の実態をあるテレビ局が特番で放送したことから輪をかけて有名になったことがありました。

チェックバリア本来の目的はパンチカードの情報を新しいカードに移し替えることでしたが、不正通行などの抜本的な改革として設置することとしました。

１９８０（昭和55）年４月に北陸自動車道の米原本線料金所にチェックバリアを設置したのを皮切りに、１９８１（昭和56）年２月には中国自動車道の山崎本線料金所、次いで１９８８（昭和63）年９月に東名高速の豊橋本線料金所、１９９０（平成２）年に東北自動車道の泉本料金所と次々に設置しました。

さらに、チェックバリアの料金収受員はチェックバリアで新しいパンチ式カードに交換する際、交換したチケットに車のナンバープレートの末尾２桁の印をつけて、万一交換があっても料金所出口でわかるようにしていたこともありました。このように不正通行を減らすために様々な工夫をしていました。

「磁気カードシステム」の登場とハイウェイカードの導入

1979（昭和54）年1月に「磁気カードシステム」の試作に成功したことが、新たなシステム導入への希望となりました。この年の4月から7月まで、関越道の新座《にいざ》料金所および川越料金所で磁気カードシステムのテストを行いました。新たな料金収受方法として磁気カードシステムが導入されたのは、1980（昭和55）年10月に「道央道札幌南～苫《とま》小牧西《こまいにし》」間が最初です。

これ以降、料金収受については順次高速道路や一般道路の一部にも磁気カードシステムへ変わっていきました。磁気カードシステム開発により、これまでのパンチカードシステムの10倍の情報処理が可能となりました。この磁気カードシステムは1984（昭和59）年に日本産業技術大賞・内閣総理大臣賞を受賞しました。

1987（昭和62）年12月、磁気カードに伴う新システムとともに、磁気プリペイドカードの「ハイウェイカード」が導入されました。料金を支払う際に現金を出すのが面倒という方に、ハイウェイカードはうってつけのものでした。価格も3000円、5000円、1万円、3万円、5万円とあり、5000円以上にはプレミアがつくなどお得になっていました。

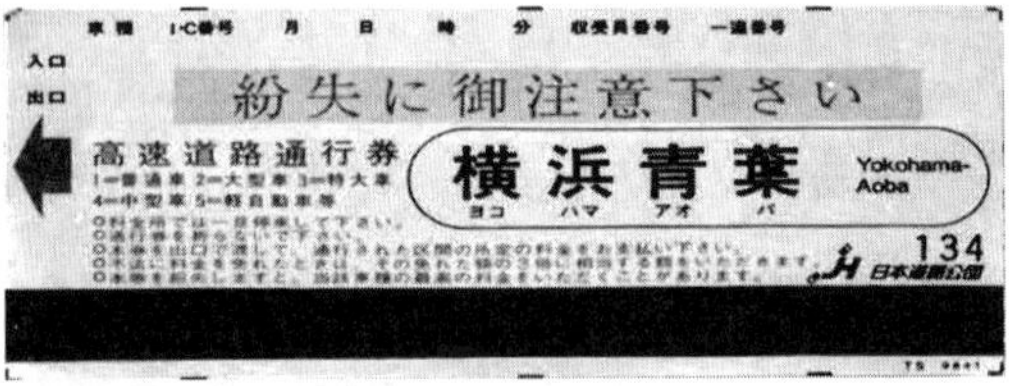

磁気カード横浜青葉（高速道路50年の歩みより）

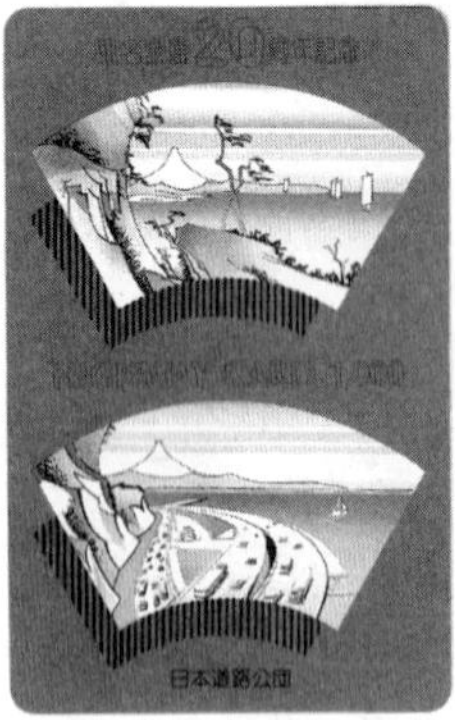

東名高速全通20周年記念のハイウェイカード

裏に利用した日付と残高が印字されるので、前回いつ使ったというのがわかってとても便利なカードです。表の絵柄も、地域限定や動物、植物、人物、車に至るまで実に様々な絵柄が発行され、中には東名高速20周年記念などレアカードもあり、使用済みのハイウェイカードを収集する人もいるほどでした。

しかし不正というのはつきまとうもので、１９９９（平成11）年５月に偽造ハイウェイカードが発見されました。偽物かどうか見ただけでは判断できないくらい、細部にわたって精巧に造られたものでした。こういった経緯もあり、２００５（平成17）年、日本道路公団の民営化と同時にハイウェイカードの販売を終了、２００６（平成18）年４月１日をもって廃止となりました。

昭和の終わりから平成の中頃にかけて高速道路で大活躍したハイウェイカードですが、このあとＥＴＣカードへその任務をバトンタッチすることになりました。

TOMEI MEISHIN
5-06

使う機会は来ないで欲しいけれど……知っておくべき非常電話の使い方

非常電話は高速道路の本線上に１㎞、トンネル部分では２００m間隔で設置されている電話です。そのほかにインターチェンジやサービスエリア、パーキングエリア、非常駐車帯、高速道路上のバス停に設置されています。

高速道路でたびたび見かける非常電話ですが、使い方というのは、知っているようで実は知らない場合が多いです。万一の時が起こってからでは遅いので、非常電話の正しい使い方をＮＥＸＣＯ中日本・川崎道路管制センターにてお話を伺いました。

まずは非常電話ボックスの扉を開けて、受話器を取ります。受話器を取ると道路交通管制室に繋がります。道路交通管制室ではどこの非常電話からかけているかを瞬時に把握できるようになっているので、事故や故障など自分の現在の状況を説明します。

また、非常電話には四つのボタンがあります。ボタンはそれぞれ、「故障」「事故」「救急」「火災」といった具合に、その時の状況によって押すボタンが異なります。このボタンは会話が不自由な方のために設置されているものですが、とっさのことで動揺してしまい、何を話したらいいかわからない方はボタンを押しても構いません。その際にもまず先に「受話器を上げる」ことです。受話器を上げないとボタンを押すことができません。

川崎道路管制センターでは、１日に平均９・１回の非常電話からの連絡があり、２０１６（平成28）年度は合計で３３２３回の非常電話からの連絡がありました。

近くに非常電話がなかった場合

近くに非常電話がなかったら、携帯電話からかけられる道路緊急ダイヤル「＃９９１０」へ連絡をします。その際には現在の状況はもちろんですが、ある程度の詳細な情報が必要です。たとえば、どこのインターチェンジ付近、何キロポスト付近、近くに見える景色、上り線、下り線などです。これらの詳細な情報があると素早く対応してもらえます。

本線上に1kmごとに設置されています

扉を開けたらまず最初に受話器を取ります

TOMEI MEISHIN 5-07

高速道路はどこでどうやって管理されている？ 道路管制センターの仕組みとは

道路管制センター

ＮＥＸＣＯ中日本が管理、管轄している高速道路は２０１８（平成30）年現在では約２０００㎞にも及びます。これだけの道路網を円滑に管理、運営するために、道路管制センターを４か所（川崎・八王子・一宮・金沢）に設置、およそ５００㎞を目安にそれぞれ４分の１ずつを担当しています。現在でも高速道路の新規開通にあわせて担当区域は増加していて、直近ですと川崎道路管制センターに新東名高速海老名南ＪＣＴから厚木南ＩＣまでの約２㎞が新たに追加されました。

道路管制センターは大きく分けて二つの部門からなっていて、一つは道路や交通の流れに関することを取り扱う交通管制、そしてもう一つが道路照明設備などを管理する施設制御です。

交通管制と施設制御

交通管制は高速道路の司令塔の役割であり、道路パトロールや監視カメラからの刻々と変化する情報をリアルタイムで把握しています。そして急な天候変化、事故や渋滞などの路面状況を判断して、速度制限や通行止めなどの処置を適宜実施しています。24時間365日休むことはありません。

さらには通行車からの緊急連絡情報も活用しています。通報があった場合（落下物など）は、いち早く交通管理隊への対応指示も行っています。また、重量超過車両は道路の劣化や重大な交通事故に繋がる恐れがあるので、厳しく取り締まりを行っています。

一方、施設制御は交通管制を支える高速道路上の設備、ＥＴＣや休憩施設の電気水道の供給監視などを行っています。

万一、高速道路上のトンネル内で事故や設備の故障が発生した時には、保全・サービスセンターに対応を依頼します。特に長大トンネルで火災が発生した時は人命への被害が深刻になることが多いため、水噴霧設備を稼働させたり情報板に進入禁止の表示をしたりして、安全に避難できるように誘導します。

道路で落下物を見つけたら

高速道路を走行していて万一落下物を見つけたら、近くの非常電話、もしくは携帯電話から「#9910」で通報してください。高速道路利用者の情報はハイウェイラジオの第一報となるなど重要な情報となります。この情報は道路管制システムに情報が集約され、落下物の場合はハイウェイパトロールカーが早急に現地へ向かい対応をします。

落下物は重大な事故に繋がることがあります。高速道路の落下物は落とした人に責任が課され（割合は場合によります）、第三者に被害を与えた場合は賠償責任が生じます。

筆者がこれまで「#9910」に電話をした中で最も多かった高速道路の落とし物は「バーストしたタイヤ」でした。時には大きな畳が落ちていることもありました。これを発見したのが伊勢湾岸道の橋梁部分で100km／hで走行する車がひっきりなしの道路でしたので、見つけた時はさすがに「ヒヤリ」としました。しかし冷静に「何キロポスト」「付近のインターチェンジ」「上り線下り線どっち側に進んでいるか」などを、道路管制センターに知らせることができました。その他にも目の前でタイヤが外れるトラックの目撃や、居眠り運転で2車線を跨いで走行する車、居眠り運転同士の車が接触、目の前の車がオーバーヒートなど様々です。自分だけのためではなく、高速道路を安全に走行するためにも道路緊急ダイヤルを活用してください。

さて、高速道路に落下物があるという情報は「ハイウェイラジオ」を聴いていち早く情報をキャッチすることが大事です。ハイウェイラジオは、落下物だけでなく、故障車や事故の情報をリアルタイムに正確に伝えてくれるのでとても役立ちます。また、サービスエリアやパーキングエリアにある「ハイウェイ情報ターミナル」を積極的に利用することが事故を未然に防ぐことに繋がります。ハイウェイ情報ターミナルのタッチパネルは必要な情報を調べることができるので便利です。

その他にも、「目で見るハイウェイテレホン」は、通行止めなどの臨時情報や緊急情報がスマートフォンから確認できます。カーナビゲーションにあるＶＩＣＳ情報はリアルタイムに更新しており、この先の渋滞や所要時間などがわかるとても便利な情報です。こういったラジオやスマートフォン、カーナビゲーションの情報も上手く活用して快適に高速道路を利用してください。

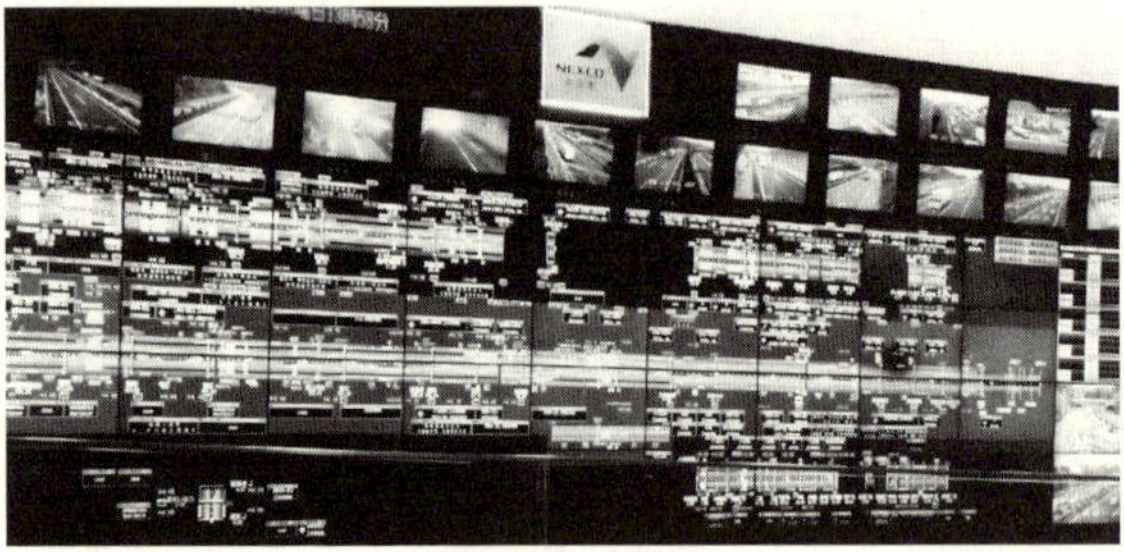

日本の大動脈を支える川崎道路管制センター

TOMEI MEISHIN
↖ 5-08

よく見かけるけれど、じっくり見る機会がない!? 高速道路を守ってくれる、特別なクルマたち

高速道路を巡回する黄色いパトロールカー（通称：黄パト）は公安委員会より、緊急車両の指定と道路維持作業の指定を受けています。黄パトには赤色灯と黄色灯、サイレンが装備されていて、法定速度で走ることが可能です。

緊急の時は赤色灯を点灯、サイレンを鳴らして走りますが、工事や車線規制の現場では黄色灯を着けて交通規制します。車外上部にあるＬＥＤ標識灯は車内にあるディスプレイを見ながら、工事中、作業中、落下物などの文字や絵文字をリモコンで操作して様々なパターンを表示させます。

車内には事故や落下物処理のために必要な機材（発炎筒、消火器、矢印板、旗、カラーコーン、ほうき、スコップ、砂、中和剤など）を搭載し、緊急時にも即時対応できるよ

黄パトにときめきを感じるのは筆者だけではないはず

LED標識灯は文字と絵文字を入れることが可能

一見黒に見えるけれど白紺のツートンカラー（カラーでお見せしたい！）

うにしています。

道路巡回は常に二人一組で行い、高速道路本線、インターチェンジの巡回、サービスエリアやパーキングエリアは徒歩で確認します。GPSで緯度経度を把握できるので、キロポストが近くになくても黄パトはどこを走っているかの確認ができます。また、道路管制センターとは無線で直接やり取りが行われており、交通事故など緊急事態の場合にはすぐに現場に駆けつけて安全確保に努めています。

黄パトの1日の巡回走行距離は300kmから400kmで、名神高速開通当初の車種はクラウンでしたが、現在はSUVが主流です。2012（平成24）年にNEXCO西日本で導入された、白紺ツートンカラーのパトロールカー（通称：紺パト）は、白黒の警察車両に見えることから速度抑制効果があり、現在ではNEXCO3社の一部で導入しています。

NEXCO総研所有の最新式路面性状測定車はレア車両（写真提供：NEXCO総研）

路面測定車両

NEXCO総研の所有している路面性状測定車は、走行しながら路面の調査が診断できる車両です。時間の経過とともに劣化した路面、轍掘れやひび割れ、平坦不良や段差などを点検、調査します。NEXCO総研が所有している最新車両は全国で2台しかなく、常に高速道路を走っているのでなかなかお目にかかることができません。

路面性状測定車は高速道路があるところならば、北は北海道から南は沖縄まで日本全国どこへでも、海もフェリーで渡って向かいます。

TOMEI MEISHIN
↖ 5-09

ちゃんと運転していれば、気にする必要はないはず!? 高速道路の取り締まり

自動速度違反取締装置とNシステムとは?

自動速度違反取締装置とは、スピード違反を自動で取り締まる装置のことを指します。通称で「オービス」ということがありますが、これは、アメリカのボーイング社の商標であり、日本では東京航空計器株式会社がライセンス契約をしています。

高速道路の本線上には、「自動速度取締機設置路線」というブルーの標識が設置されています。以前、この標識がなかった頃に奇しくも撮影されてしまった方が訴訟を起こしたことがあります。そこで、肖像権に配慮するためと速度超過の警告も兼ねて、事前に2枚の標識が設置されることになりました。

自動速度違反取締装置付近の本線上にはいかにも「ここで撮影してください」といわんばかりのラインが引かれていることがありますが、ラインはカメラの撮影ポイントであり、

計測ポイントはもっと前にあります。したがって、手前で慌ててブレーキを踏んでも、「時すでに遅し」です。

　似たような設置方法のNシステムは自動速度違反取締装置ではありません。「自動ナンバー読み取り装置」が正式名で、「Nシステム」は通称です。不審車両を検出するために、走行する全ての車を映像として撮影していますが、速度を計測しているわけではありません。

速度自動取締路線の青い看板

Hシステムと呼ばれる取り締まり機

　速度を出している車がNシステムの手前でブレーキを踏んでいるのを見かけますが、速度超過を捕まえる装置ではありません。

　いずれの場合も、高速道路で急にブレーキを踏む行為は後続車の迷惑になると同時に事故や渋滞を発生させる原因になります。

あとがき

ある日の出来事。「みらいさん、東名や名神をテーマにした本を書きませんか？」というメッセージが飛んできて、「にょわ～⁉　実業之日本社の編集長さんからメッセージ来た～どうしよ～！」という経緯があって今に至ります。東名高速開通50周年に書かせていただけるなんてとても光栄です。

今まで道路をネタにしたいわゆる「薄い本」は書いたことがありますが、200ページ以上の本を書いたことはなかったので「私で本当に大丈夫なのでしょうか」という気持ちがありました。途中で書きながら「どう？　楽しい？」そう自分に問いかけつつ、果てしなくにょろにょろと長い50年前の高速道路のドライブに出かけているところです。

この本を書くにあたり、ほぼ毎週高速道路に乗り、名古屋から東京、名古屋から大阪、そして神戸を何度も往復しました。「もうそろそろ高速道路降りてもいいかな？」と思う日もありましたが、「こうなったら住所をハイウェイの上に置くくらいの気持ちで！」と思いながら書き綴りました。

「同時に中央道をテーマにした本も出したいのですが？」と編集部に言われた時、真っ先に思い浮かんだのが、長年親しくしている藤田哲史さんでした。東名高速と中央道は同じくらいの年に着工しているので、東名派と中央派に分かれて道路を造っているような気持ちで書きました。『中央自動車道の不思議と謎』は本書と同時発売となります。

お互いの情報を交換したり、藤田さんはたびたび名古屋まで取材に来たり、NEXCO中日本・八王子道路管制センターには藤田さんと一緒に行きました。原稿を書いている途中で行き詰まったりもしましたが、そんな時はお互いに励まし合いながら執筆しました。

本の執筆が決まった時、真っ先に伝えたのが、NEXCO中日本コミュニケーション・プラザ川崎で元館長を務められていた秋岡正男さんでした。秋岡さんからは歴史や技術など多くのことを学び、それはまるで「秋岡学校」のようでした。「もう当初の名神や東名の話を知っている人もいないし、聞いてくれる人もいないから、また近いうちに来なさい。」そういってくださったのですが、ご退職されたためNEXCO中日本にいらっしゃる間には伺えませんでした。

しかし、どうしても気になって再び訪れたところ、「秋岡から預かっております」と手渡された高速道路に関する資料。それを見た筆者は胸がいっぱいになったと同時に、「ああ、秋岡さんはやはり、ソンデレガー氏のようなお方だった。」と感じました。お礼が言えなかったのでこの場をお借りしてお礼申し上げます。ありがとうございました。

サービスエリアやパーキングエリアに関して、各関係者様にとてもお世話になりました。本を執筆している時にちょうど、東京ハイウェイの鮎沢PA上り線店長の河村清隆さんが名古屋にいらしていて、「上り線が売り上げ一位になりました」という嬉しい報告がありました。この1位は店長の努力と、東名高速の鮎沢PAを利用してくださっているみなさまのおかげです。筆者も本当に嬉しいです。ありがとうございます。

そして、刈谷ハイウェイオアシスの田川佑介さん。筆者がまだハイウェイオアシスのことをよく理解していなかった時代からずっとご縁を繋いでくださっている方です。こうしたコミュニケーションがあるから高速道路は楽しいと感じます。

高速道路は、都市と都市を結ぶ道路としての役割だけではなく、人と人との繋がりを強くする役割もしてくれていると思っています。

最後に……毎週私が、「今日はあっちへ、今度はこっちへお願い！」東奔西走、運転に従事してくれた日本サぱ協会の青葉美咲さんと飛松敬寛さんには頭が上がりません。お二人がいなければこの本はできなかったと思っています。本当に感謝しております。ありがとうございました。

この本が読者のみなさんの「高速道路って面白い」に繋がると嬉しく思います。

山形みらい

《参考文献》

東名高速道路建設誌／日本道路公団・名神高速道路建設誌　総論／日本道路公団・名神高速道路建設誌各論／日本道路公団・道路公団三十年史／日本道路公団・高速道路五十年史／高速道路調査会・高速道路五十年史　各論／高速道路調査会・高速道路のプランニング／三野定（全国加除法令出版）・道路設計講座（2）高速道路の計画と設計／武部健一・土屋雷蔵・七宮大（山海道）・道路実務講座3　高速道路の計画と設計／河島恒（山海堂）・名神高速道路／建設界社・道の日本史／武部健一（中央公論新社）・道のはなし／武部健一（技報堂出版）・道／武部健一（法政大学出版局）・図解・首都高速の科学／川辺謙一（講談社）・大研究　日本の道路120万キロ／平沼義之（実業之日本社）・東名高速をゆく／（イカロス出版）・ハイウェイマイウェイ／四方洋（毎日新聞社）・ハイウェイ建設最前線の所長奮闘記／竹内輝義（文芸ビジュアルアート）・白い道　高速道路物語／加藤宣利（ぎょうせい）・Casa特別編集SORI YANAGI A DESIGNER／奏義一郎（マガジンハウス）・昭和二万日の全記録13東京オリンピック／（講談社）・昭和二万日の全記録17経済大国の試練／（講談社）・技術で結ぶ。道を未来へ。／株式会社高速道路総合技術研究所　NEXCO総研・生物多様性を守るNEXCOの地域性苗木／株式会社高速道路総合技術研究所　NEXCO総研・名港トリトン／日本道路公団中部支社桑名事務所・旬刊高速道路NO.1751・NO.1754／全国高速道路建設協議会・地面が動く！由比の地すべり／全国林業改良普及協会（由比地すべり管理センター）・道路構造令の解説と運用／社団法人日本道路協会（丸善）・ハイウェイサービスエリアの旅／生内玲子（保育社）・東名日本坂トンネル事故／産経新聞2015年7月17日

著者

山形みらい（やまがた・みらい）

愛知県名古屋市在住。都市間高速道路研究者。

地理学を独学で勉強して大学へ。大学では土木と関係ない分野を勉強していたが、道路好きが高じて土木への興味を持つ。ＳＡ・ＰＡを全力で楽しむ「日本サぱ協会（http://n-sapa.com）」会長。ハイウェイドライブが趣味。テディベアとミルクティ、にょろにょろ長いものが好き。人があまり考えつかない発想力で周囲を楽しませるのが得意なため、ルーティスト（Route Artist）及びマルチタレントとして、テレビ・ラジオ・トークイベントで活躍中。これまでに「絶景！達人お薦め高速道のSAPA」（日経新聞）「首都高NEWSめざせ！ PA通」（首都高速道路）ほか様々なインタビューや監修も担当。

Twitter @Milkumatea

※本書は書き下ろしオリジナルです。

じっぴコンパクト新書　351

東名《とうめい》・名神高速道路《めいしんこうそくどうろ》の不思議《ふしぎ》と謎《なぞ》

2018年7月11日　初版第１刷発行

著　者…………山形みらい
発行者…………岩野裕一
発行所…………株式会社実業之日本社
〒153-0044 東京都目黒区大橋1-5-1 クロスエアタワー8階
電話（編集）03-6809-0452
　　（販売）03-6809-0495
http://www.j-n.co.jp/
印刷・製本…………大日本印刷株式会社

ISBN978-4-408-33810-1（第一趣味）